내가 급하다

내가 급하다

김정화

규장

우리는 정치 경제 사회 각 분야에서 전혀 몰랐던 일들이 언론을 통해 드러날 때마다 충격을 받습니다. 어떻게 그런 일이 사람들이 모르게 진행될 수 있었는지에 대하여 배신감을 느끼며 분노하기도 합니다. 그러나 이런 일들과 비교할 수 없이 충격받을 일이 진행되고 있음을 알지 못합니다.

그것은 영적 세계의 비밀입니다. 지금 우리는 멸망할 세상 가운데 있습니다. 악한 영이 사람들의 눈을 가리고 그들의 배후에서 조종하고 있습니다. 그러나 동시에 말로 다 할 수 없는 하나님 나라의 영광이 비춰지고 있습니다. 하나님께서는 한 사람이라도 더 멸망 가운데서 건짐받고 하나님 나라의 백성이 되기를 원하십니다. 그래서 오래 참으시면서 전도자를 세워 복음을 전하고 계십니다. 이 책을 쓰신 김정화 권사님은 하나님의 이 간절한 마음을 품은 전도자입니다. 저자는 자신 안에 하나님의 마음이 부어진 개인적인 체험을 소개하고 있습니다. 그것은 저자의 개인적인 체험이지만 동일하게 모든 그리스도인을 향한 주님의 메시지이기도 합니다. 그리고 전도하고 싶지만 전도가 잘 안 되는 이 땅의 그리스도인들에게 그가 전도 현장에서 경험했던 수많은 체험을 통하여 너무나 소중한 도움을 주고 있습니다. 한마디로 백문일답 "오직 예수 그리스도"입니다. 복음을 '자신의 삶'이라는 언어로 번역하여 전하는 저자의 경험이 모든 이들의 경험이 되길 소망합니다. 잃어버린 영혼을 향한 하나님의 마음을 알고 싶고, 또 하나님의 그 마음에 응답하기 원하는 모든 분들에게 이 책을 기쁨으로 추천합니다.

유기성 목사 | 선한목자교회

원고를 받아보고는 단숨에 읽어 내려갔습니다. 감동과 통쾌함과 숙연함으로 그리고 기쁨으로 펜을 들었습니다. 전도용 책자만이 아닌 누구에게든 권하고 싶습니다. 먼저는 잃어버린 영혼을 향한 아버지의 마음이 부어짐이 있고, 다음은 백문일답, '오직 예수그리스도! 예수면 다다!' 어떤 주제에도 휘둘리지 않고 단순하고 명확하며 강력하게 종교 냄새 풍기지 않고 십자가 복음의 결론을 생명력 있게 증언하기 때문입니다.

페미스 데니의 말이 생각났습니다. "만약 전도자들이 신학자들처럼 행하고, 신학자들이 전도자들처럼 행한다면 아주 이상적일 것이다. 왜냐하면 전도는 신학을 판단해볼 수 있는 좋은 방법이자 대안이기 때문이다."

그 다음은 초대교회 사도들의 증언이 떠올랐습니다.

"하나님 앞에서 너희 말을 듣는 것이 하나님의 말씀을 듣는 것보다 옳은가 판단하라 우리는 보고 들은 것을 말하지 아니할 수 없다"(행 4:19, 20).

누구도 막을 수 없는 하나님 아버지의 사랑과 복음 되신 예수 그리스도에 대한 자랑을 '만유를 불러 만민 앞에서 외치게 하심'입니다. 저자에게 주신 은혜가 모든 독자들에게도 동일하게 불타오를 것을 믿고 일독을 권합니다.

김용의 선교사 | 순회선교단

세상살이가 다 그렇듯이 복음을 전하는 일에도 앞서 수고하신 선배 전도자의 경험담을 듣는 것은 참으로 유익합니다. 그 경험 속에서 많은 힌트를 얻을 수 있기 때문입니다. 이런 의미에서 저자인 김정화 권사님의 이야기는 많은 유익이 있습니다. 저자가 복음을 전하시는 현장에서 고민해오신 내용들이 그대로 담겨 있기 때문입니다. 이 책을 통해 복음에 대한 저자의 열정이 독자들에게 잘 전수되기를 기대합니다.

이찬수 목사 | 분당우리교회

저자는 뜨거운 구령의 열정과 한결같은 영혼 사랑으로 전도의 현장을 지키는 불꽃과 같은 분이다. 남편 권순효 장로님과 함께 겨자씨 선교회를 세우고, 병원에서 얻는 수입을 전도하는 일에 아끼지 않으며, 전도자 양성과 복음전파에 힘쓰는 전도의 야전사령관이다.

이들 부부의 헌신을 통해 경북 지역의 수많은 목회자와 지역교회들이 전도에 도전을 받고 그들이 만든 전도지로 교육과 훈련을 받아 전도를 통해 부흥하고 있다. 병원 사역을 통해 육신을 살릴 뿐 아니라, 복음전도를 통해 영혼도 살리는 위대한 사역을 감당하고 있는 것이다. 대부분의 전도자들이 열심만 있고 성경적 이론에는 약한 반면, 김정화 권사님은 열정뿐 아니라 불신자들이 예수님을 믿어야 할 이유들을 조목조목 설명하는 변증적 전도로 영혼을 살리는 탁월한 전도자다. 내가 아는 그 어떤 성도보다 더욱 전도의 이론과 현장 경험이 탁월한 사람 낚는 어부이다.

이 책이 모든 목회자와 성도들에게 전도의 동기 부여와 현장 지침서로써 필독서요, 적격임을 알기에 강력히 추천한다. 이 책은 당신을 이론과 실제로 무장한 전도자로 만들어줄 것이다!

김두식 목사 I 《전도는 어명이다》 저자

이 책은 전도에 관한 내용이지만 그 이상의 가치가 있다. 왜냐하면 "진짜 복음을 만났는가?"라는 질문으로 복음에 대한 독자의 내면 깊은 곳을 폭로시키기 때문이다. 이 책을 통하여 독자는 복음이라는 보석을 발견할 수 있을 뿐 아니라 감추인 보화와 같은 복음을 전하는 일이 자연스러워질 것이다. 저자가 기도하고 땀 흘리며 매진한 전도의 실제가 책이라는 열매로 맺어짐에 감사하며 복음을 전하고자 하는 모든 이에게 실제적인 도움이 될 것임을 확신하며 추천한다.

박종민 목사 | 안계중앙교회

이 책은 전도 현장에서 만나는 다양한 사람들에 대한 다양한 접근을 보여줍니다. 저자의 발자취에는 한 영혼에 대한 소중함과 그들에게 주님의 사랑을 전하겠다는 강력한 의지가 담겨 있습니다. 구령의 열정에 흠뻑 젖은 저자의 모습은 제게 부러움과 동시에 부끄러움을 안겨줍니다. 잃어버린 영혼을 향한 간절한 소망과 눈물이 담겨 있는 100종의 전도지를 대하면서 제 마음도 따뜻해지는 것을 느낍니다. 우리 삼천리 반도 금수강산이 구원받은 하나님의 자녀로 가득 채워졌으면 좋겠습니다. 이 책자가 영혼 구원에 대한 열정을 다시 불러일으키는 영적 촉매제로 쓰임 받을 것을 확신합니다.

오정호 목사 | 새로남교회

적지 않은 교인들이 여러 이단과 사이비의 잘못된 성경공부 및 교주의 유혹에 넘어가 신앙생활과 가족관계 및 사회생활에 큰 피해를 입고 있는 것이 현실입니다. 동시에 기존 교인들도 자신들이 믿고 있는 기독교의 본질을 잘 파악하지 못하며, 자신을 향한 성령님의 전도 소명과 사명을 확신하지 못해 주일 오전예배 한 번의 참석으로 만족하고 있는 것도 현실입니다.

또한 예수님에 대해 잘 알지 못하는 불신자(예비신자)들은 교회와 복음에 대하여 무지에 가까운 언행을 서슴지 않고 있습니다. 이런 현실을 직시하고 있던 저자가 그동안 기도와 성령의 인도하심으로 만들어 사용한 전도지를 모아 한국교회와 교인들에게 전달하게 됨은 참으로 귀한 결단입니다. 이 책자로 된 전도지들이 수많은 영혼들을 구원하는 데 아름다운 디딤돌이요 모퉁잇돌이 되기를 기도하며, 기대하고, 기다리는 마음으로 추천합니다.

이건영 목사 | 인천제2교회

이 책을 쓰게 된 동기는 한마디로 잃어버린 영혼에 대한 급하신 하나님의 마음 때문이다. 책을 읽는 독자들이 잃어버린 영혼들을 찾아 나서는 데 일말의 주저됨이 있다면 나는 그 걸림돌을 치우고 싶었다.

1부에서는 내가 어떻게 전도자로 살고 있는지, 나에게 실제가 된 복음을 나누고, 전도해야 하는 이유, 그럼에도 불구하고 실제 전도하지 못하는 이유를 생각해보았다. 전도에 대한 하나님의 급하고 간절한 마음이 독자에게 부어지기를 바라며 썼다.

그러나 독자가 전도자로서 결연한 각오로 전도 현장에 나간다 하더라도 현장에서 만나는 불신자들에게는 각 사람마다 복음을 믿지 못하는 이유가 무수히 많아 걸림돌 정도가 아닌 큰 벽에 부딪히는 경우가 허다하다.

2부에서는 불신자들의 다양한 질문에 대한 응답, 전도 현장에서 들어온 이야기를 현장감 있게 전하고자 노력했다. 따라서 이 내용을 숙지한다면 그들에게 예수 그리스도를 전하는 일에 도움이 될 것이다. 무엇보다 그들의 의문과 삶 가운데 자연스럽게 대화의 방식으로 다가가 백문일답百問一答 "오직 예수 그리스도"를 전할 수 있을 것이다.

이 책에 대해서는, 주님이 시작하시고 주님이 완성하셨다는 고백을 드릴 수밖에 없다. '겨자씨'와 같은 작은 선교단체의 전도지 제작을 주님이 기뻐 받으시고, 〈복음기도신문〉의 김강호 선교사님을 통해서, 또 규장 출판사를 통해서 주님이 일하셨다. 하나님이 기뻐하신다는 이유 하나만으로 출간을 결정하신 여진구 대표님께 감사드린다.

무엇보다 이 책의 내용을 이루는 복음 신앙의 근간은 유기성 목사님과 김용의 선교사님의 설교에서 나왔음을 밝힌다. 두 분께 한없는 감사를 드린다. 또한 폴 워셔 목사님께도 감사드린다. 그분은 나를 모르시지만 내가 그 분의 영향을 받았기 때문이다. 유튜브에 이 세 분의 설교를 올려주신 많은 분들께도 감사드린다.

끝으로 부족한 나의 글을 다듬는 일에 주님의 마음으로 도움을 주신 규장 편집팀에 감사드리며, 책 출간을 가장 기뻐해주실 조완순 선교사님과 기쁨을 함께하고 싶다.

주님이 하셨습니다.

김정화

c o n t e n t s

복음과
전도

1장

나의
복음

어린 시절, 나는 예수 믿는 아이였다. 그때 나는 스스로 내 신앙이 좋다고 진단하고 있었다. 왜냐하면 교회에서 살다시피 했고, 교회에서 주는 상을 휩쓸었으며, 모든 교회 행사의 주인공이었기 때문이다. 예수님을 믿겠다고 하다가 공산당에 순교당하는 꿈이라도 꾼 날은 '아! 나는 순교할 만큼 믿음이 강하구나!' 싶은 생각에 뿌듯해하며, 순교자의 비장한 각오로 등굣길에 나서곤 했다.

초등학생 때까지는 이런 것들이 나를 지탱해주었다. 하지만 예수님을 인격적으로 만나지 못했기에 성장하면서 내 신앙은 후퇴했고, 사춘기에 나의 자아는 더욱 발달되어갔다. 하지만 집안 분위기상 주일예배에 빠지거나 수련회를 비롯한 교회 행사에 빠질 수는 없었다.

들고 본 것은 많아서 '은혜'라는 것을 받고 싶은 마음도 있었다. 애통하며 회개하고 싶어서 잘못했다고 고백하는 기도도 많이 했지만 여전히 맹숭맹숭하기만 했다. 그럴 때는 눈에 침이라도 바르고 싶었다. 어른들을 따라간 기도원에서 목격한 통성기도라는 것이 어찌나 어색하고 길던지, 나는 백두에서 한라까지 읊어도 3분을 넘길 수가 없었다.

대학 때는 더 가관이었다. 예배는 참석했지만 설교 시간에 늘 졸았다. 그러면서 '좋은 설교' 운운하며 여러 교회를 기웃거리면서 교만과 판단과 정죄의 죄를 쌓아가고 있었다. 주일예배 이후에 일주일 내내 비신자와 똑같이 살았다. 물론 죄의식도 없었다.

누구도 나의 신앙이 왜곡되었다고 말해주지 않았고, 나는 예수 믿는다는 것은 원래 다 그런 줄 알았다. 학교에서 기독 동아리 활동을 하는 친구들이 도무지 이해되지 않았다.

'교회 다니면 됐지, 쟤들은 왜 학교까지 와서 유난스럽게 예수를 믿나?'

'너희들만 예수 믿냐? 그래 봤자 별 신앙 아니다.'

이렇게 생각하고 무시했다. 당연히 나의 구원을 의심하는 일은 있을 수 없었다. '마음으로 믿고 입으로 예수를 시인'했으니 천국행은 이미 따 놓은 당상이라는 것이 흔들릴 수 없는 나의 확신이었다.

성령세례라니요?

대학을 졸업한 나는 한 미션스쿨의 교사가 되었다. 그즈음 교회 안에서만큼은 모범생을 표방하던 내게 '전도'는 또다시 내 신 앙생활의 오점이자 미처 다하지 못한 숙제와 같은 부담으로 다가 왔다.

나는 학교에서 전도에 열심이셨던 선생님(지금은 목사님이 되셨 다)에게 물었다.

"저, 선생님. 어떻게 하면 전도를 잘할 수 있나요? 교회에서 전 도하라고 하는데, 하고 싶어도 어떻게 하는지 몰라서요."

그 말을 들은 선생님이 대뜸 내게 물었다.

"김 선생님, 혹시 성령세례 받았습니까?"

"성령세례라니요?"

성령도 알고 세례도 알았지만 '성령세례'라는 말은 그날 처음 들었다.

"성령세례? 그게 뭔가요?"

선생님은 성경을 펼쳐서 "너희가 믿을 때에 성령을 받았느 냐"(행 19:2)라는 말씀을 내게 보여주셨다.

"하나님을 교리적으로 아는 것과 성령으로 거듭남을 체험하는 데는 차이가 있어요."

그 분은 이어서 "오직 성령이 너희에게 임하시면 너희가 권능을 받고 예루살렘과 온 유대와 사마리아와 땅 끝까지 이르러 내 증 인이 되리라 하시니라"(행 1:8)라는 말씀을 암송하셨다.

"증인이 되려면 성령이 임해야 해요. 제자들도 성령을 받고 나 서 증인이 될 수 있었어요."

"그래요? 그러면 저도 성령을 받아야겠는데, 어떻게 하면 받습니까?"

그 분은 또 성경을 찾아 "그가 사모하는 영혼에게 만족을 주시며 주린 영혼에게 좋은 것으로 채워주심이로다"(시 107:9), "구하는 자에게 성령을 주시지 않겠느냐"(눅 11:13)라는 부분을 읽어주셨다.

나는 또 물었다.

"성령이 사람이면 전화도 하고 편지도 써서 사모하는 표를 낼 수 있겠는데, 성령은 보이지 않으시니…. 어떻게 하면 성령이 저에게 임하실까요?"

"기도하고 성경을 보시고 찬송을 부르세요."

나는 그 분이 말씀하신 대로 하기 시작했다. 수업이 없을 때 쉬는 시간을 이용하여, 퇴근하고 집에 돌아가서도 기도하고, 찬송을 부르고, 성경을 읽었다. 그리고 이것을 되풀이했다. 하지만 기도는 길어야 3분이었고, 아무래도 불이나 바람 같은 것은 느낄 수가 없었다. 그렇지만 나는 단순무식하게 기도하고 찬송을 부르고 성경 읽기를 지속해나갔다.

그렇게 한 지 8일째 되던 1986년 7월 16일, 대구 주암산에서 열린 교사기도회에 참석한 나에게 통회 자복하는 역사가 일어났다. 쥐구멍에라도 들어가고 싶은 심정이 무얼 말하는지 그때 알았다. 회개가 이어지며 4,5시간 기도한 것 같다. 그날 주님은 방언의 은사를 주시고, 3년이나 앓던 무릎 통증도 치유해주셨다.

새벽 2시에 집으로 와서 잠깐 눈을 붙이고 일어났는데, 어제와 전혀 다른 새로운 세계가 열린 듯했다. 나뭇잎들마저 내게 인사를 하는 것 같았다. 전날까지 무릎 통증으로 뛰지 못했던 나는 계단을 뛰어 내려갔다. 그날은 당직이어서 학교에 혼자 있었는데, 기도만 하려고 하면 방언이 터져 나왔다.

다음날에는 더 놀라운 일이 일어났다. 평소 미워한 동료 교사들이 갑자기 사랑스러워 보이기 시작한 것이다! 나는 보이는 대로 그들의 필요를 채워가며 복음을 전하기 시작했다.

틈을 주다

한동안 나는 TV 연예 오락 프로그램을 볼 수가 없었다. 전혀 재밌지가 않았다. 음란한 영상들은 거부감이 들어서 자연스레 멀리하게 되었다. 이런 나를 보며 스스로 대견하게 생각했다.

'아, 내가 거룩해졌구나!'

이렇게 내가 나를 오해하고 있는 사이, 사탄은 틈을 엿보고 있었다. 열심히 전도하면 할수록 어느새 나는 전도하지 않는 사람들을 판단하게 되었다. 올바르게 살려고 하면 할수록 그렇지 못한 사람이 눈에 거슬렸다. 이런 상황 속에서 가장 심하게 공격을 받는 사람은 바로 남편이었다. 열심히 기도하고 집에 오면 텔레비전을 보고 있는 남편의 모습이 눈에 거슬렸고, 결국 싸움으로 번지기 일쑤였다.

부부 사이에 사랑은 점점 식어지고 원망과 불평이 차올랐다. 교회에서는 행복한데 집에 오면 괴로웠다. 나는 늘 남편을 향해 옳고 그름을 따지며 언성을 높였다. 그러면서도 나의 무엇이 잘못되었는지는 전혀 몰랐다. 내가 늘 옳았고, 내가 가진 것이 늘 정답이었다. 그러나 사실은 이전보다 더 종교적인 사람이 되어가고 있을 뿐이었다.

세월이 흐르며 사탄은 조금씩 영역을 넓혀갔다. 당시 내가 가졌던 복음은 세상이 말하는 인본주의와 세속주의를 적당히 섞은 '나름 복음'이었다. 교회에서는 예수 잘 믿는 사람으로 보였다. 내 성실과 최선으로 구역도 돌보고 봉사도 하고 전도도 하고 무엇이든 열심히 했다. 이런 나를 보며 "저렇게 열정적으로 믿어야 하는데…"라는 말이라도 듣게 되면 "아니에요"라고는 했지만, 실은 나도 속으로 '믿으려면 나같이 믿어야 한다'고 생각했다.

하지만 나는 여전히 죄로부터 자유하지 못했을 뿐 아니라 성령 체험하기 전보다 더 많은 죄를 쌓고 있었다. 직장에서 학생들과 동료 교사로부터 예쁘다는 칭찬을 듣지 못한 날은 허전했다. 내 행복을 위해서는 상황과 조건만 허락되면 무슨 죄라도 그다지 주저하지 않았다. 죄라는 걸 알았지만 나는 나를 변호할 충분한 근거가 있다고 생각했다. 그것이 내가 가진 '나름 복음'이었다. 그곳은 교회와 세상에 양다리를 걸친 내게 안전한 피난처가 되어주었다.

2000년, 교육정책의 변화로 새롭게 바뀐 교육 환경에다, 남자 고등학교 교사로서 내 능력의 한계를 느끼고 사직을 했다. 사직과 함께 시간의 여유가 많아진 나는 더욱 교회생활에 열심을 냈다. 전도대를 시작으로 구역 권찰, 교사, 사회봉사에 새벽기도까지 빠지지 않았다.

그러다가 2002년 남편이 고향인 시골 마을에 병원을 개원하게 되면서 이사를 가게 되었다. 병원은 환자들로 붐볐고, 신앙적 열심을 내기에 재정의 어려움이 없었고, 장학회와 구제사업, 선교회를 창립하여 열악한 지역 교회들을 섬기며 전도하기에 힘썼다.

그렇지만 여전히 남편과의 의견 대립 때문에 가정이 편치 않았다. 하지만 '다들 이렇게 사는 것 아닌가? 원래 부부생활은 이런 것 아닌가?'라고 생각했고, 사람들이 우리를 좋은 부부로 보았기에 특별히 문제라고 느끼지 못했다. 천국은 육신이 죽어야 누릴 수 있는 것이고, 살아 있는 동안은 불가능한 것이라고 생각했기 때문이다.

내 안에 예수가 있는가?

2012년 초 병원 일로 과로한 탓인지 대상포진을 앓게 되었다. 링거 주사를 맞으면서도 많은 일을 처리하느라 쉬지 못한 나는 '대상포진 후 신경통'에 시달리게 되었다. 이렇게 되자 열심히 하던 운동도, 분초를 아끼며 최선을 다한 성실한 삶도 모두 중단되었고, 방에 틀어박혀 여기저기 찾아오는 통증이 줄어들기만을 기다려야 하는 신세가 되었다.

바깥출입을 하지 않으니 텔레비전 앞에서 수많은 채널을 돌려가며 조금이라도 통증을 잊어보려고 했다. 이런 와중에도 큐티나 성경 통독을 멈추지는 않았다. 마치 그것이 면죄부인양 내가 종일 TV를 보는 것에 대한 심적 부담감을 없애주기도 했다.

그해 말 한 지인으로부터 수지선한목자교회(강대형 목사 담임)에서 있었던 한 강의를 추천받아 듣게 되었다. 설교자는 "마지막 주자의 삶을 살고 있는 우리는 영적 양식으로 무엇을 먹고 있느냐?"라고 하면서 그것이 바로 나의 영적 상태를 말한다고 했다. 나를 돌아보게 되었다. 물론 육신도 아팠지만 3년 내내 텔레비전만 본 나의 영적 건강이 제대로일 리 없었다.

그 시간부터 세상 미디어 금식에 들어갔다. 그러자 시간이 많아졌다. 하나님의 말씀이 고파져서 선한목자교회 사이트에 접속해서 유기성 목사님의 설교를 듣게 되었다.

충격이었다! 첫 번째 충격은 내 안에 예수가 있는지 스스로 묻게 되었을 때였다.

> 너희는 믿음 안에 있는가 너희 자신을 시험하고 너희 자신을
> 확증하라 예수 그리스도께서 너희 안에 계신 줄을
> 너희가 스스로 알지 못하느냐

그렇지 않으면 너희는 버림 받은 자니라 고후 13:5

나는 이제까지 예수 그리스도가 내 안에 계신 줄 전혀 인식하지 못하고 살았다. 내 안에 예수가 있는지 물었을 때 그 결론은 내가 '버림받은 자'라는 것이었다. 결국 "나는 지옥 간다"였다. 나의 구원을 철석같이 믿었는데, 나의 확신과 관계없이 내가 버림받았다는 결론이 내려지니 청천벽력이었다.

예수 믿는다는 '내가' 있었고, 무엇이 옳고 그른지 판단하여 추구한 '내가' 있었고, 모든 결정의 중심과 모든 감정과 느낌의 중심에 '내가' 있었다. 그래서 내 안에 예수 그리스도가 계신 것을 전혀 인식하지 못하고 내가 내 인생의 주인으로 살았다. 이런 인생과 예수가 내 안에 계신 것을 인식하는 인생이 결코 같을 수 없다는 것이 자명한 사실로 깨달아지니 혼란이 왔다.

'내가 알고 있고 믿어 왔던 복음이 무언가 부족했나?'

원래 복음은 그렇지 않을 것이고, 내가 뭔가 잘못 믿고 있다는 것을 깨닫고 난 뒤 나는 유기성 목사님의 2006년 설교부터 모든 설교를 듣기 시작했다. 목사님의 설교에 등장하는 책들을 읽고, 폴 워셔 목사님, 김용의 선교사님의 설교도 찾아 듣게 되었다. 특히 김용의 선교사님의 말씀을 들으면서 다시 한번 충격을 받게 되었다.

"복음이 관념이 아닌 실제가 되었는가?"라는 물음 앞에 나는 나의 실체, 즉 철저히 내가 주인으로 살아온 지난날의 열심 있는 한 율법주의자를 보았다. 말로는 예수님이 싫어하신 율법주의자를 단죄했지만 사실은 내가 율법주의자였다. 유기성 목사님, 김용의 선교사님 두 분의 설교를 통해, 주님이 나를 빛 가운데 드러내시며 나를 고발하고 계셨다.

'나는 정말 죽을 죄인이었다!'

이전에 기도원에서 회개할 때는 몇 가지 죄 때문에 내가 죄인인 줄 알았다. 그러나 아니었다. 나는 존재적으로 죄인이었다. 내게는 고쳐서 쓸 수 있는 것이 아무것도 없었다. 나의 성실, 나의 최선도 내가 존재적 죄인임을 가릴 만한 가림막으로는 턱없이 부족했다. 아니 불가능하다는 것을 깨달았다. 내 열심과 열정으로는 주님을 닮아가기가 애당초 불가능했다.

존재적 죄인을 위한 유일한 처방은 그 죄인이 죽는 것이었다. 정말 복음이었다. 절망이라는 결론에 이르렀을 때 애써서 뭔가 더 해보라고 하지 않고, 그런 너는 예수님이 죽으실 때 함께 죽었다는 이 말씀이 나에게는 복음 중 복음이었다.

나도 죽은 십자가

그리스도가 십자가에 달리셨을 때 나도 함께 죽었다는 것이 믿어졌다.

"맞네요. 저도 십자가에서 주님과 함께 죽었네요."

믿음으로 선포했던 로마서 6장 4절이 나의 복음으로 믿어졌다.

그러므로 우리가 그의 죽으심과 합하여 세례를 받음으로
그와 함께 장사되었나니 이는 아버지의 영광으로 말미암아
그리스도를 죽은 자 가운데서 살리심과 같이 우리로 또한
새 생명 가운데서 행하게 하려 함이라 롬 6:4

나는 마침내 내가 죽은 십자가를 믿게 되었다. 한국 교회 안에
나같이 믿고 있는, 그러니까 은혜로 예수를 믿었는데 율법주의로
살고 있는 많은 사람들이 생각나서 나는 울 수밖에 없었다.
내가 십자가에서 죽었다는 것이 믿어지니 일상이 감격이었다.
나의 삶 곳곳에서 죽은 나를 보게 되었다. '참자, 죽어야지' 하며
애쓴 것이 아니다. 그저 믿음으로 내가 십자가에서 주님과 함께
죽었다는 것이 믿어지자 변화가 일어났다. 믿음대로 살아지는 것
이었다.
죄에 대해 죽은 내가 도처에서 발견되었다. 남편이 뭐라고 해
도 화가 나지 않았다. 예전 같으면 출근하는 남편의 뒤통수에 대
고 악악거리며 나를 주장하고 변명했을 텐데 죽은 사람처럼 잠잠
한 자신을 보며 스스로 놀라지 않을 수 없었다. 성경에서 가장 마
음에 들지 않던 구절이 "남편에게 복종하라"(골 3:18)였다. 그랬던
내가 남편에게 잘못을 빌며 이제 복종할 준비가 되었노라 말하게
되었다.

하루는 유기성 목사님의 설교를 크게 틀어놓았더니 남편이 "당신, 나 들으라고 설교 크게 틀어놓았지?"라고 했다. 남편이 그렇게 오해할 만했다. "이런 설교 듣고 당신도 좀 변하란 말이야"라고 고함을 치며 남편을 교화하려고 시도한 적이 많았기 때문이다. 하지만 이번에는 아니었다. 모든 설교는 나 들으라고 하는 말씀이었다. 내가 가장 큰 죄인이요, 내가 가장 급했다. 집 안 어디에서도 잘 들리라고 크게 틀어놓은 것이었다. 나는 얼른 나의 진심을 밝혔다.

"설교 끊어지지 않게 듣고 싶어서요."

그러자 남편도 말없이 1,2분 정도 설교를 듣다가 출근했다. 그 다음 날은 2,3분, 그러더니 식사를 다 마쳐도 자리를 뜨지 않고 계속 말씀을 듣고 있는 것이 아닌가. 이렇게 우리 가정은 예수님 안으로 걸어 들어갔다. 아니 예수님이 우리 가정으로 걸어 들어오셨다.

말씀으로 일어난 회개와 변화된 삶을 이야기하자면 너무 길다. 나는 죽고 예수로 사는 사람, 예수님이 나의 주인 된 사람이 진정으로 복음을 만난 사람이다. 이렇게 복음을 만나고 나니 가정이 회복되는 것이 당연했다. 병원 직원 회의에서 남편이 "요즘 신혼을 삽니다"라고 하는 말을 들은 간호사가 이것이 사실인지 내게 물었다.

"신혼인지 모르겠지만 천국을 사는 것은 맞아요."

주위에서 다들 나를 보고 "인상이 변했다", "행복해 보인다",

"걱정이 없는 것 같다"라고 했다. 그러자 이 복음을 전하고 싶다는 생각이 불일 듯 일어났다. 예수 믿는 것, 복음이 정말 좋았다. 숙제나 의무가 아니었다. 전하지 않으면 못 배기는 열정이 내 안에서 일어났다.

예수가 주인 되는 삶

주님은 내가 만난 복음을 전할 수 있도록 성경공부팀을 만들게 하셨다. 유기성 목사님의 설교로 20주 커리큘럼을 짜고 교재를 만들었다. 처음에는 팀원을 모집하는 것부터 쉽지 않았다. 왜냐하면 '성경공부? 이단 아냐?'라는 거부감이 있기 때문이었다. 또 성경공부 인도자가 사역자가 아닌 여자 권사, 평신도라는 것이 신뢰를 주지 못하는 모양이었다. 그래서 처음부터 한 명, 한 명 모집할 때마다 기도했고 마침내 팀이 구성되자 그 자체로 큰 감격이었다.

나는 복음을 만나면 사람이 변화된다는 확신이 있었다. 그 증거가 바로 나와 내 남편이었다. 복음의 능력을 신뢰했기에, 예수를 믿고도 세상 사람들과 별반 다르지 않게 살고 있는 사람, 복음이 실제 되지 못하면서 자신은 잘 믿고 있다고 생각하는 사람, 이전의 나와 같은 사람들에게 복음을 전할 수만 있다면 누군가의 오해 정도는 개의치 않는 마음도 주셨다. 나는 복음의 영광을 보고 싶었다. 옛 사람은 죽고, 예수로 사는 사람을 만나보고 싶은 열망으로 가득했다.

우리 집에서는 매주 두세 차례 성경공부가 열렸다. 우리 부부는 성경공부 팀에게 간단한 식사를 제공하고 성경공부를 인도했는데 이것은 꿈같이 달콤하고 신나는 일이었다. 주님께서 일하셔서 성경공부 팀 안에 많은 열매가 맺혔다. 팀원들의 부부 사이가 좋아졌고, 부모들은 자녀들을 보는 관점이 달라졌다. 부모로서 자녀들에게 진정으로 가르쳐야 할 것이 무엇인지 알게 하셨고, 자녀의 배우자를 선택하는 기준을 바꾸셨다. 또 세상에서 성공을 구하기보다 세상의 유혹을 이기게 하셨다. 어떤 분은 분명히 화낼 만한 상황인데 화가 나지 않는 걸 보니 아예 바보가 된 것 같다고도 하셨다.

그들 안에 주님이 계셨다. 분명 주님이셨다. 주님이 주인 되시고 그분이 친히 사셨다. 그러니 억울한 일을 당해도 주님처럼 용서하고 사랑할 수 있었다. 우리 주님이 바로 그런 분이기 때문이다. 아무리 억울해도 우리 주님만큼 억울한 사람이 있을까? 신이신 그분이 피조물인 인간의 죄를 덮어쓰고 저주 받은 십자가에 오르셨다. 그런 주님이 우리에게 새 생명을 주시고 주인 되어주셔서 우리의 삶을 사시니 우리 안에 혁명이 일어난 것이다.

주님께서 성경공부 팀원들 한 명, 한 명을 어떻게 만나주셨는지 나열하자면 끝이 없다. 우리 안에 간증이 넘쳐났다. 종으로서 주인의 영광을 목도하는 일은 더 없는 영광이었다. 나는 바울이 목숨을 걸고 복음을 전했던 것이 조금은 이해가 되었다.

"복음을 전하는 일, 한 사람이 예수와 함께 죽고 예수로 살아나서 예수가 주인 되는 삶을 살게 되는 이 일에 내 생명을 걸어도 좋다. 아깝지 않다."

하루에도 몇 번씩 저절로 이 고백이 나왔다. 내가 있는 이곳 경북 안계에서 대구까지 성경공부를 인도하기 위해 밤 운전을 하거나 눈이 내려 빙판이 된 도로 위를 달릴 때에도 기뻤다.

"주님, 저 오늘 이러다가 죽으면 순교인 거죠?"

생명을 살리는 일에 생명을 거셨던 주님을 생각하니 신경통이나 피곤함도 문제가 되지 않았다. 생명을 걸지 않는다면 많은 일들이 걸리겠지만 생명을 걸고 나니 모든 문제가 사라졌다. 정말 죽음 외에 어떤 것도 막을 수 없을 것만 같은 성경공부가 진행되었다. 성경공부에 참여한 목사님 부부도, 나름대로 잘 믿어 왔다고 여긴 장로님도 이구동성으로 고백하셨다.

"맞아요. 원래 복음은 능력입니다."

잘못 믿어온 세월을 아쉬워하면서도 지금이라도 깨달은 것이 은혜라며 주님을 찬양했다. 그만큼 더 열심히 다른 사람들에게 복음을 전하려고 애썼다.

'나름 복음'을 내려놓으라

'아는 것을 믿는 것'이라고 착각하며 살아온 사람들이 흔히 하는 말들이 있다.

"나는 예배 안 빠진다."

"나는 성경을 몇 독했다."

"새벽기도에 절대 안 빠진다."

"헌금도 꼬박꼬박한다."

"성령 체험했다."

"주일에는 꼭 본 교회에서 예배드린다."

"봉사를 많이 한다."

이 모든 말과 함께 공통적으로 빠지지 않는 단어가 있다. 바로 '나름'이다. 하나같이 "나름 열심히 신앙생활을 해왔다"라고 한다. 나는 이것을 '나름 복음'이라고 부른다.

자기가 말하는 기준으로 자기 신앙을 판단하기 때문에 성경적인 기준의 사랑, 용서, 화평, 주님과의 친밀함을 말하면 "너는 완전하냐?"라는 반문이 돌아온다. 또 미움, 시기, 돈을 사랑함, 비판, 수군거림을 경계하면 "그런 죄를 안 짓는 사람이 어디 있냐?", "예수 믿는다고 현실을 무시할 수는 없다", "성경은 그렇게 말하지만 현실은 이렇다"라고 한다.

나는 성경공부 팀을 인도하며 '나름 복음'을 가진 분들을 많이 만났다. 성경공부가 서너 차례 진행되는 동안에도 모임에서 '나름 복음'을 설파하셨던 분, '나름 복음'을 내려놓지 못해 성경공부를 포기하고 싶을 만큼 괴로우셨던 분, 20회에 이르는 마지막 성경공부까지 '나름 복음'을 완전히 내려놓지 못한 분도 계셨다.

"결론적으로 여태까지 제가 잘못 믿었다는 거네요. 그러면 이제까지 제가 믿은 것은 뭡니까? 인정할 수 없습니다."

성경공부 내내 화난 상태로 있다가 결국 자리를 박차고 나간 분도 계셨다. 이 문제로 나 역시 조금은 고민이 되었다. 그러나 진정한 복음 앞에 자신의 '나름 복음'을 내려놓아야만 했다. 귀로 듣고 머리로 아는 것을 믿음으로 규정하는 오류에서 빨리 벗어나는 것이 핵심이었다. 그다음 모든 인간은 자신이 믿는 대로 살아간다는 것을 증명해 보여야 했다. 그리고 자신의 삶을 정확히 보고 현재 자신이 믿어 삶의 실제가 되고 있는 것이 '예수님'인지 '나'인지 진단해야 했다. 이 과정에서 솔직해지면 자신이 삶의 주인이 되어 살아왔다는 것을 인정할 수 있게 된다.

이때부터가 시작이다. 그것을 인정하고 나면 성령체험을 하고, 봉사를 많이 하고, 새벽기도회에 열심히 나갔던 나, 성경을 많이 안다고 하는 '나'는 사라지게 된다. 복음을 안다고 착각하며 살아왔고, 내가 내 인생의 주인이 되어 살아왔다는 정직한 고백이 있을 때 비로소 진정한 회개가 일어났다.

많은 이들이 주체할 수 없는 눈물로 밤을 지새우며 오래 참아주신 하나님께 감사와 회개기도를 드렸다. 그들에게서 음란과 알코올중독이 끊어지고 가정이 회복되어 어느새 이 땅의 천국이 되었다. 불평불만이 사라지고 감사와 사랑이 넘쳤다. 원수 같은 사람이 용서가 되고 화목해졌다. 직장생활이 즐거워졌다.

한 목사님은 교회 오후 예배를 아예 팀 성경공부 형식으로 개편하셨다. 그 공부를 다 마친 어느 은퇴 권사님이 이제야 예수를 믿게 됐다고 고백하셨다고 한다. 많은 사람들이 이런 고백을 한다. 그동안 믿어왔지만 잘못 믿어왔다는 것이다. 좀 더 열심히 믿어야 하는 줄로 알았던 그들이 아무리 노력해도 얻을 수 없었던 것이었다.

다른 방법은 없다. 오직 믿음이다. 십자가에서 예수님과 함께 죽고 부활하신 예수님이 새 생명 되심을 믿는 것이다. 세례 받을 때 예수님의 죽음에 함께 연합되어 새 생명을 더 풍성히 누리는, 예수가 주인 된 새 삶을 시작하게 된다.

성경공부는 여러 팀이 동시에 진행된다. 지금은 13기, 14기, 15기가 함께 진행되고 있다. 우리 부부는 그 안에서 일하고 계시는 주님의 모습을 본다. 현재 우리 부부는 힘든 일을 겪고 있다. 병원 부설 연수원을 건축하는데 시공 건설사가 부도를 내는 바람에 재정적 손실이 크다.

그런데도 남편과 나는 주님 이야기만 나오면 즐겁다. 세상이 흔들 수 없는 절대 믿음을 가졌기 때문이다. 정말 예수님이면 충분하다. 마치 세상을 뒤흔드는 것처럼 보이는 정치나 경제 심지어 지진 같은 자연재해 앞에서도 우리가 가진 평화는 흐트러지지 않는다.

몸의 통증으로 아플 때마다 생각나는 사람이 있다. 일본인인 미즈노 겐조라는 시인이다. 그는 뇌성마비로 전신이 마비되어 오직 눈만 깜박일 수 있다. 그의 어머니가 철자를 하나하나 짚으면 그가 눈을 깜박이는 방식으로 시를 썼다. 그런 그가 일본에서 예수님을 가장 많이 알린 사람이라고 한다. 그와 비교하면 나는 주님이 사용하실 수 있을 만한 것들을 많이 가지고 있다. 그런데 생각해보니 이 말도 틀렸다. 주님은 내가 아무것도 할 수 없을 때에도 가장 많은 일, 가장 큰 일을 하실 수 있는 분이다.

"주님 저는 아무것도 할 수 없습니다. 저는 제가 어떤 인간인지 잘 압니다. 그래서 24시간 예수님이 필요합니다. 저의 전부이시고 저의 생명이신 예수님을 믿습니다."

2장

나의
전도
일대기

축구 전도라고요?

초등학교 4,5학년 즈음으로 기억한다. 당시 내가 다니던 교회의 유초등부가 축호蹴戶 전도를 나간다고 했다.

"뭐라고? 축구 전도?"

'축호'라는 어려운 말을 몰랐던 나는 착각을 한 것이다. 명칭도 생소했고 무엇보다 '전도'라는 말이 부담스러웠다. 사람들이 전도받기를 싫어한다는 것쯤은, 교회 좀 다녀본 고학년 초등학생이면 당연히 알 수 있기 때문이다.

전도를 예수 믿는 사람들의 숙제 같은 것으로 이해했고 무릇 숙제란 해야 하는 것이었다. 주일학교 열심당원이었던 나는 저절로 선봉 대열에 섰다. 축구 전도가 뭔가 하던 내 손에 축구공 대신 전도지가 쥐어졌다. 전도지를 든 손바닥에서 땀이 솟았다.

나는 동네를 돌며 한 집 한 집 방문했다.

사람이 나오면 "예수 믿고 구원 받으세요"라고 하면서 전도지를 건네주었다. 초인종을 눌러도 인기척이 없으면 대문 밑으로 전도지를 밀어 넣었다. 나는 내심 그 집에 사람이 없기를 바라기도 했다. "예수 믿고 구원 받으세요"라는 말을 하는 것이 무척 어색했기 때문이다. 맞는 말이고 또 꼭 전해야만 하는 진리라는 것을 알면서도.

그러나 축호 전도를 마치고 교회로 돌아올 때면 기쁨으로 충만했다. 전도를 통해 맛본 영광의 기쁨인지, 아니면 어색함과 거절로부터 해방된 기쁨인지는 몰라도. 나는 전자라고 하고 싶지만 정답은 후자였다. 나의 전도생활은 축호 전도로 그 첫 발을 내딛었다.

겨자씨 선교회의 탄생

교회 안에 있는 모범생들은 교회 일에 협조해야 마음이 편하다. 내 마음 편하자고 하는 전도이지만 이것이 의무감만으로는 되지 않는다. 성경 말씀대로 성령이 임해야 가능하다. 그래서 주님이 우리에게 회개와 더불어 성령을 주셨다. 나는 1986년 7월에 열린 교사기도회에서 성령체험을 했다. 전도자와 함께하시겠다는 말씀을 받은 그날부터 나는 예수님을 전하는 것이 두렵지 않았다. 할 말은 성령님이 준비시켜주셨다.

처음 만나는 사람에게 가장 궁금한 것은 "그가 하나님을 믿는가?" 하는 것이었다. 버스를 타면 일단 전도지부터 돌렸다. 요즘은 버스나 지하철을 타면 사람들이 모두 스마트폰을 보고 있지만 그때만 해도 멍하니 있는 사람들이 대부분이었다. 그래서 전도지를 나눠주면 한 번이라도 읽어볼 확률이 높았다.

내가 교편을 잡았던 학교에서도 아침마다 크리스천 학생들과 큐티를 했다. 전도의 황금어장에 보내신 주님의 뜻을 알기 때문에 정말 열심히 전도를 했다. 퇴직 후에는 본격적으로 교회 전도대로 활동했다. 내 수첩에는 언제나 수백 명의 태신자 명단이 있었다. 나는 전도하는 기쁨과 전도의 열매를 보는 기쁨으로 살았다.

그러던 중 2002년, 남편이 고향 의성에 병원을 개원하게 되었다. 그러면서 우리 가정은 대구에서 안계로 이사하여 안계중앙교회를 섬기게 되었다. 인구가 적은 시골이어서 그런지, 당시 교회에서 전도는 가끔 "빈자리를 채워주소서"라고 기도하며 한두 번 언급되는 정도였다. 변변한 전도지 한 장 없었다. 개인적으로 전도지를 만들고 주 1회 시간을 정하여 교회 권사님 한 분과 함께 전도했지만 그 열정은 6개월도 채 가지 못했다. 그러나 주님은 끊임없이 일하고 계셨다.

면 단위 지역의 시골 교회들은 연합으로 자주 집회를 개최한다. 주로 외부에서 강사님을 초청하는데 이분들이 오시면 며칠씩 쉴 수 있는 공간이 필요했다. 그래서 우리 부부는 병원 3층에 게스트룸을 마련하여 강사님들을 섬겼다.

한번은 대구에서 박삼수 목사님(대구예일교회 담임)이 연합집회

강사로 오셔서 게스트룸에 머물게 되셨다. 우리 부부와 교제를 나눈 목사님이 이런 말씀을 하셨다.

"아, 하나님께서 저를 왜 이 지역에 보내셨는지 알겠네요."

그러더니 그다음 날 마지막 집회에서 목사님은 사전 예고도 없이 한 가지 선포를 하셨다.

"선교회 발족 모임이 삼성연합의원 3층에서 있습니다."

정신을 차리고 보니 60명 정도의 사람들이 병원 3층에 모여 있었다. 그 후 우리는 뜻을 같이 하는 분들과 6개월 간 기도하며 선교회 발족을 위한 준비 모임을 가졌다. 2010년 7월, 마침내 전도만을 위한 겨자씨 선교회가 그 문을 열었다.

시골은 도시에 비해 복음화율이 많이 떨어진다. 미자립 교회들이 많아 전도를 위한 재정 확보도 어렵다. 겨자씨 선교회는 많은 시골 교회들이 마음놓고 전도하도록 물질적으로 후원하기 위해 설립되었다. 매주 100여 명의 회원들이 전도의 열정으로 모여 예배드리고 흩어져 지교회에서 전도하고 있다.

율법 vs 성령의 법

"제가 지금 너무 어지러워요."

어느 날 새벽, 전도 대상자 한 분으로부터 전화를 받았다. 나는 새벽기도회를 마치고 나서 그 분의 집으로 찾아가 그 분을 요강에 앉히고 대변을 보게 한다. 어떤 분은 예수님을 영접하고도 실타래에 감긴 북어를 벽에서 떼지 못하셨다. 그러면 나는 그 집에 가서 온통 먼지투성이인 그것들을 대신 떼어내고 청소까지 해 주고 온다.

나는 길을 가면서 만나는 사람들에게 연신 인사를 한다. 어떤 때는 상대편에서 내게 "누구세요? 저를 아세요?"라고 묻기도 한다. 주님이 잃어버린 양일지 모른다는 생각으로 나는 모든 분들을 어르신, 선생님으로 모신다. 노전에서 나물을 파는 분들에게도 "형님", "어머님" 하며 전도한다.

내가 넉살이 좋은 사람이어서 그럴까? 절대 아니다. 나는 낯을 많이 가리는 편이고 대인 관계도 넓지 못하다. 그렇지만 예수님을 전하려고 하면 사람이 영 딴판이 된다. 성령님께서 그렇게 하시는 것이다.

선교회의 사역이 일상으로 자리 잡아가던, 2014년 12월, 문득 나는 내가 성령 받았던 그날에 매여 있다는 것을 깨달았다. 그 한 날의 사건이 나를 전도자로 살아가게 하고 있었다. 즉, 성령의 감동하심에 이끌리는 전도가 아닌 과거 성령 받은 역사가 있었으니 나는 전도해야 하는 사람이 된 것이다. 이것은 내게 무거운 숙제 같은 것이었다. 은혜로 성령을 받았는데 다시 "해야 한다"는 율법으로 살고 있었다. 이 깨달음은 내게 무척 중요했다.

우리는 은혜로 예수님을 믿었으면서 그것을 자꾸 율법으로 바꾸는 재주가 있다. 그런데 주님이 이 위기를 잘 극복하도록 은혜를 베풀어주셨다. 다시 복음 앞에 서게 하셨다. 그리고 나를 정확히 보았다. 나는 존재적 죄인이었다. 주님이 기뻐하시는 전도를 아무리 열심히 해도 내가 주인 된 삶은 주님이 받지 않으신다.

성령 받았던 사건이 전도해야 하는 이유가 되는 데서 벗어나야 했다. 그리고 내 안에 계신 예수님이 전도하시도록 해야 했다. 나는 내 안에 계신 예수께 집중했다. 성령께서 이끄시는 대로 나는 예수님과 함께 십자가에서 죽었고 내 안에 사시는 분이 그리스도이심을 고백했다.

진심의 고백이었고, 이 고백이 나의 믿음이 되자 전도가 하고 싶어졌다. '해야 한다'가 아니라 하고 싶어져서 어느새 전도하고 있는 나를 발견했다. 성령체험의 경험이 나를 움직이게 하는 것이 아니라 내 안에서 살아 계신 예수님이 나를 움직이게 하셨다.

내 안에 계시는 예수님의 음성을 들을 때, 왕이신 주님의 생각이 나를 온통 지배하시도록 내어드릴 때, 나의 발걸음은 언제나 기쁘게 전도 대상자에게로 향한다. 누군가의 집이기도 하고 노인정이기도 하다. 등 떠밀려도 즐겁고 배척을 받아도 괜찮다. 이미 내 안에 계신 주님이 모든 조롱과 고통을 다 받으셨고 해결하셨기 때문이다. 죽어가는 영혼을 향한 주님의 사랑, 주님의 마음이 계신 곳으로 내 마음은 옮겨간다. 내 생명이 다하는 날까지, 주님이 오시는 날까지 주님이 내 안에서 이 일을 하실 것이다.

예수님 자랑

"오늘도 혼자 오셨습니까?"

내가 다니던 교회 예배당에 올라가는 계단마다 이런 문구가 씌어 있다. 할 수만 있다면 훌쩍 날아 올라가고 싶었다. 나만 그랬겠는가?

학생의 소임은 공부다. 학생이라면 마땅히 공부를 해야 한다는 주장에 반대할 사람은 없을 것이다. 마찬가지로 예수 믿는 사람은 전도자이어야 한다. 이것이 예수 믿는 사람의 정체성이다.

맛있는 식당을 찾았을 때 지인에게 그곳을 소개하기란 그리 어렵지 않다. 그러면 우리는 왜 예수님 소개하는 입이 쉽게 떨어지지 않는 걸까? 듣는 사람들이 거절할 것 같아서? 좋은 식당이나 관광지를 소개할 때, 상대가 내가 알려준 곳으로 가지 않을까 봐 걱정하는 사람은 없다. 좋은 음식을 먹고 좋은 장소를 여행했다는 사실을 자랑하는 것만으로도 충분하기 때문이다.

예수님이 정말 나의 자랑이 맞는가? 정말 나를 죄악에서 건져내어 영생을 주신 분이 맞나? 그 예수님이 나의 삶에 실재하고 계신가? 맛있는 음식보다, 좋은 경치보다 더 실제적으로 내가 예수님을 경험하고 있는가?

우리는 이 질문에 정직하게 대답해야 한다. 예수님의 실재를 경험하지 못하고 관념으로 하는 종교생활은 이제 그만두어야 한다. 예수님은 당신이 입은 옷보다, 타고 있는 차보다도 더 실제적으로 존재하신다. 우리의 모든 인간관계나 우리를 둘러싼 환경보다 훨씬 더 실제적인 존재이시다. 삶으로 그런 결론을 내릴 수 없다면 다시 복음 앞에 나 자신을 세워야 한다.

예수가 실재된 당신이라면, 실제로 예수와 함께 사는 당신이라면, 예수님이 당신의 삶을 통해 스스로 전도하실 것이다. 2천 년 전에도 천국 복음을 전파하러 이 땅에 오신 예수, 그분이 여전히 일하고 계신다.

하나님은 세상 모든 사람이 구원받길 원하신다. 나는 하나님의 자녀가 되었고 복음에 빚진 자이다. 빚은 갚아야 속이 편한 것 아니겠는가? 그러나 전도의 절묘한 타이밍을 잘 모르겠다. 전도해야겠다는 조바심에 입만 달싹거리다가 '지금은 때가 아닌가 봐' 하며 포기하기 일쑤였다. 그러다가도 주일 설교에 '전도'가 등장하면 학생이 숙제 안 하고 선생님 앞에 앉아 있는 것만 같았다.

"예수를 믿는가?"

"지금 예수님이 당신 안에 있는가?"

"당신은 죽고 당신 안에 예수님이 사시는 것이 맞는가?"

당신이 사람들을 만날 때, 당신 안에 계신 예수님은 무엇에 관심을 두고 계실까? 당신 안에 계시는 주님을 한구석에 구겨 넣고, 옛 자아로 돌아가 사람들과 대화하고 있지는 않은가? 예수 믿기 전의 관심사가 지금도 여전히 중요 관심사인가?

"나는 지금 네 앞에 있는 사람의 영혼에 관심이 있어, 나를 소개시켜줘."

예수님께서 당신의 마음 한구석에서 신음처럼 말씀하고 계신지도 모른다.

당신 안에 계신 예수님을 교리로만 알지 말고 진짜 알아야 한다. 체험해야 한다. 같이 살아야 한다. 아니 그분만이 사서야 한다. 이렇게 되면 예수님을 자랑하고 싶어서 입만 뻥긋해도 예수님 이야기가 나오게 된다. 결심하지 않아도 전도 메시지가 나온다.

내 나이 또래 할머니들의 특징은 휴대폰에 꼭 손주 사진을 넣고 다닌다는 것이다. 내가 궁금해하지 않는데도 휴대폰을 들이밀고는 손주 자랑을 한다. 거의 100퍼센트다. 손주가 너무 예뻐서 자랑하고 싶어서 야단이다. 전도는 왜 손주 자랑하듯 하지 못하는 걸까? 손주처럼 내 마음에 자리 잡지 못해서다. 손주처럼 내 휴대폰에 넣어두고 있지 않아서다.

나는 전도를 하고 또 해도 계속 하고 싶어 하는 분을 알고 있다. 그분은 바로 예수 그리스도이시다. 그분은 우리 마음속에 성령님으로 계신다. 전도를 가장 원하시는 그분을 24시간 내내 인식하고 그분이 전도를 주도하시면 전도는 하고 싶은 것이 된다. 십자가 안에서 자신을 죽이자. 아니 이미 죽었다고 성경은 말한다(롬 6:4). 이 사실만 인정하면 전도는 하고 싶은 것이 된다.

전도하지 못하는 이유

크리스천이라면 전도해야 된다는 것을 머리로는 잘 알고 있다. 그러나 지금 당장 전도하러 나가자는 말은 이상하게 부담이 된다. 노방 전도가 됐건, 축호 전도가 됐건, 관계 전도가 됐건 지금 당장 해야 하는 전도는 부담스럽다. 예배에 참석하고 봉사하는 것은 잘하겠는데 불신자에게 복음을 전하는 것만은 미루고 싶다.

우리가 예수님을 믿게 된 것은 누군가 나에게 복음을 전했기 때문이다. 또 예수님은 마지막으로 우리에게 전도에 대한 당부의 말씀도 하셨다. 그런데 우리는 왜 말씀대로 하기 힘들까? 자신이 왜 복음 전하는 것이 어려운지 한번 생각해보기 바란다. 원인을 찾고, 그 해법도 찾는 은혜가 있기를 바란다.

내가 생각하는 전도하기 어려운 원인은 다음과 같다.

첫째, 믿는다고 하지만 실제 복음과 부딪치지 않은 경우이다. 즉, 믿지 않는 것이다. 그저 교리를 들어서 아는 정도일 뿐이다. 복음이 자기 것이 되지 못했다. 예수님의 십자가가 없다면 자신은 지옥에 갈 수밖에 없는 죄인이라는 것을 뼈저리게 느껴본 적이 없다. 당연히 진정한 회개를 한 적도 없다. 죽었던 자신이 복음 때문에 살아난 줄도 모르는데 무슨 감격으로 복음을 전할 수 있겠는가? 자신의 죄에 대해 제대로 된 회개 한 번 한 적 없이 구원받았다고 착각하는 것이다. 그들은 단지 종교생활에 입문한 것뿐이다. 이런 사람들은 전도를 할 수 없다.

이들은 교회 안에 있지만 전도 받아야 하는 사람들이다. 스스로 정직히 반응해야 한다. 교회 다닌 세월, 받은 직분은 중요하지 않다. 이 사실을 인정하는 것이 자존심이 상할 수 있지만 이제라도 인정하고 진정한 회개로 예수님을 믿어야 한다. 자존심 때문에 영생을 놓칠 수는 없는 노릇이다. 기독교에 대한 교리를 듣고 그 교리에 지적으로 동의하는 것이 믿음이라고 생각하면 오산이다.

> 사람이 마음으로 믿어 의에 이르고
> 입으로 시인하여 구원에 이르느니라 롬 10:10

로마서가 쓰였던 당시에는 예수님을 믿는다고 "입으로 시인하는" 것은 곧 '죽음'을 의미했다. 그들은 곧 사자 밥이 되고 십자가형을 받을 운명에 처했다. 지금 우리가 하는 지적 동의 수준에 비할 수 없는, 죽음을 담보로 하는 고백이었던 것이다.

예수 믿는다는 것은 죽음을 불사하는 결연한 고백이다. 순교를 각오하는 믿음일 수밖에 없는 이유는 우리의 구원을 위해 예수님께서 생명을 내어주셨기 때문이다. 창조주 하나님께서 죽을 수밖에 없는 죄인인 우리를 사랑하셔서 정결하신 하나님의 아들 예수님에게 십자가 형벌을 내리셨다.

죄인인 나를 살리시기 위한 다른 방법은 없었다. 아들에게 온갖 멸시와 고통을 내리시고 대신 죽을 수밖에 없는 인간을 살리셨다. 이런 사랑을 들어본 적이 있는가? 사람이 흉내 낼 수 있는 사랑이 아니다. 성경에만 있는 사랑이다. 이 사랑 앞에 반응하라. 교리적으로 지식적으로 아는 것 말고 생명으로 받아들이기 바란다. 그러면 예수님을 전하는 사람이 될 수 있다.

둘째, 예수님은 믿는데 자기가 받은 은혜를 잊고 있는 경우이다. 소위 배은망덕한 경우라고 할 수 있겠다. 첫 번째 경우보다 더 나쁘다. 그러나 전도에 대한 부담은 상당히 느끼는 부류다. 왜 구원의 은혜를 잊게 되었을까? 왜 예수님을 전할 동력을 잃어버렸을까? 한국 교회 안에 이런 부류가 많지 않을까 짐작해본다.

예수 믿는 이야기를 하면 꼭 옛날이야기를 하는 분들이 있다.

"옛날엔 나도….”

"처음 은혜 받았을 때는….”

이런 말로 자기 신앙의 연륜을 과시한다. 동시에 뜨겁게 전도하는 사람들에게 충고 아닌 충고를 한다.

"처음에는 다 그렇지, 안 그랬던 사람 있나?”

"예수를 교양 있게 믿어야지.”

"그렇게 별나게 믿을 게 뭐야?”

주님을 향한 사랑이 식는 것이 당연한 신앙의 코스인가? 아니다. 오히려 주님은 사랑과 열정을 잃은 교회를 향해 촛대를 옮기시겠다는 무서운 경고를 하신다. 주님은 한 번 회개했던 경험을 묻지 않으시고 오늘도 회개했는지 물으신다. 한 번 구원 받았는지 묻지 않으시고 두렵고 떨리는 마음으로 오늘도 구원을 이루고 있는지 물으신다. "예전에…", "한때는 나도…" 이런 말로 열정 잃은 자신의 신앙을 변명할 수 없다.

그러면 왜 구원의 은혜가 전도의 동력이 될 수 없는 걸까? 구원은 은혜로 받았는데, 신앙생활은 율법으로 하고 있지 않은가? 가치관 하나 바뀌지 않고 옛 자아로 살고 있지는 않은가? 우리의 삶에 가끔 예수님이 출현하시기는 하는가? 우리가 삶으로 예수님을 보여줄 수 없다면 전도할 수 없는 것은 당연하다.

전도를 하다보면 때로 전도의 가장 큰 걸림돌이 믿는 성도, 바로 '나 자신'이라는 것을 경험하게 된다. 불신자들을 만나면 그들이 목사, 장로, 권사, 집사를 비난하기 일쑤다. 실제로 안 좋은 뉴스에 믿는 자들이 단골로 등장한다. 교회와 복음이 조롱거리가 되었다면 그것은 믿는 자들의 삶이 변화되지 않았기 때문이다.

"나 교회 다녀. 새벽기도에 나가. 나는 직분자야."

이런 말로는 불신자에게 절대 예수를 보여줄 수 없다. 그들이 설득될 리 만무하다. 가족끼리 불화하고, 직장은 불평불만의 온상이 되고, 대인관계에서 미운 사람이 수두룩하다면 누가 그 사람을 따라 예수님을 믿고 싶겠는가? 세상의 가치인 돈과 성공, 자녀에게만 관심을 둔다면 세상 사람들과 다를 것이 무엇인가? 세상 사람들과 다르지 않은 신앙인이 전도를 하려고 하면 불신자는 아마 이렇게 말할 것이다.

"교회 다닌다고 뭐가 달라지나요? 아, 교회 가느라 더 바빠지기는 하겠네요."

나의 삶을 보고 소망을 발견하는 사람이 있었는가? 없었다면 어떻게 이 문제를 해결할 수 있을까? 먼저 제대로 예수를 믿어야 한다. 제대로 예수를 믿는다는 것이 무엇인가? 그 기준은 무엇인가? "그 사람, 신앙이 좋아"라고 할 때 우리는 무엇을 보고 그렇게 말하는가? 사랑이 많고 용서를 잘하고 화평을 끼치는 사람이라고 해서 신앙이 좋다고 말하지는 않는다. 그런 사람에게는 오히려 "사람이 좋다"고 말한다. 그런데 우리도 흔히 '성령의 열매가 풍성한가'가 아니라 종교 행위를 척도로 신앙이 좋다 혹은 나쁘다고 한다. 그러니 우리의 신앙생활이 저절로 되는 은혜가 아니라 억지로 하는 종교 행위가 되는 것이다.

그러면 어떤 일이 벌어지겠는가? 예배보다 예배를 마치고 집에 가서 TV 볼 때가 더 즐겁다. 봉사는 억지로 하면서 누군가 알아주고 칭찬해주길 바란다. 헌금할 때는 손이 오그라드는데 주보 헌금 명단에 자신의 이름이 있으면 뿌듯해진다. 직분은 자기 체면을 세우는 용도로 사용된다. 성경 읽은 것도 자랑, 새벽기도 나온 것도 자랑, 자기 자랑이 넘친다. 동시에 다른 사람의 신앙을 판단하기 시작한다. 이렇게 해서 교회 안에 예수 잘 믿는 척하는 바리새인 교인들이 넘쳐나고 있는 것이다. 예수님이 가장 싫어하셨던 바리새인 말이다.

물론 은혜 받은 사람은 예배 출석도 헌금도 봉사도 다 잘한다. 자연스럽게 한다. 노력이 아니라 저절로 한다. 이것이 바로 은혜다. 선물이다. 즉, 자기 힘으로 한 것이 아니기에 자랑이 될 수 없다. 혹 마음속에서 자랑이 일어난다면 정확히 직시해야 한다. 그것은 은혜로 한 것이 아니라 '자기 의'로 한 것이다. 하나님과 상관없다는 뜻이다.

다시 십자가로

그렇다면 어떻게 하나님을 믿어야 한다는 말인가? 예수는 믿는다고 하지만 복음의 능력이 삶에 전혀 나타나지 않아서 복음 전하는 일은 꿈도 꾸지 못한다. 그저 자신의 신앙생활을 근근이 버티기도 힘들다. 이런 이들을 위한 처방은 무엇인가?

다시 십자가로 돌아가야 한다.

> 내가 그리스도와 함께 십자가에 못 박혔나니
> 그런즉 이제는 내가 사는 것이 아니요
> 오직 내 안에 그리스도께서 사시는 것이라
> 이제 내가 육체 가운데 사는 것은 나를 사랑하사
> 나를 위하여 자기 자신을 버리신
> 하나님의 아들을 믿는 믿음 안에서 사는 것이라 갈 2:20

이 말씀에 우리가 명심해야 할 복음이 있다. 예수님이 십자가에 죽었을 때 나의 옛 자아가 죽었다는 것을 믿어야 한다. 많은 사람들이 이 믿음이 부족하다. 대속의 믿음은 있는데 자신이 십자가에 죽었다는 것을 모르거나 잊고 산다. 정확히 말하면 옛 자아의 죽음을 믿지 않는다.

성경은 분명히 그리스도와 함께 내가 십자가에 못 박혔다고 말한다. 그런데도 여전히 "내가 죽어야지, 내가 죽어야지" 하며 옛 자아의 죽음을 인정하지 않는다. 그 이유는 현실 속에서 여전히 변하지 않는 옛 자아로 살고 있는 자신을 보며 거기에 믿음을 두기 때문이다. 이것은 잘못된 믿음이다.

천국을 실제로 가보고 믿는가? 성경에 기록된 천국에 대한 말씀을 그대로 믿는 것 아닌가? 성경에 우리가 십자가에 못 박혀 그리스도와 함께 죽었다고 기록되어 있으니 그대로 믿으면 된다. 이 믿음이 있어야 말씀이 실제가 된다. 옛 자아가 죽은 자신을 확인하게 된다. 갈라디아서 2장 20절 말씀대로 옛 자아의 사망을 선포하고 믿어야 주님이 내 안에 사실 수 있다. 내 마음의 주인이 두 명일 수 없다. 예수님께 내 인생의 주인 자리, 왕의 자리를 내드릴 때 비로소 예수님이 내 삶을 사실 수 있게 된다.

이렇게 할 때 비로소 내 이웃이, 내 가족이 나의 삶을 보고 나를 통해 예수님을 보게 되는 것이다. 예수님을 마음에 영접하여 주인으로 모시는 것은 간단한 문제가 아니다. 마음의 문을 열어 누군가를 받아들이는 것이 어디 쉬운 일인가? 배우자를 맞아들이고 또 배우자의 부모를 받아들이기까지 얼마나 어려운가? 배우자의 부모를 모시기로 작정할 때 만감이 교차할 것이다. 누군가를 받아들인다는 것은 결코 쉬운 일이 아니다. 하물며 만왕의 왕이신 예수님을 자기 인생의 주인으로 영접하는 것인데 얼마나 어려운 일이겠는가?

"한 번만 영접기도 하면 끝"이라는 식의 생각은 복음을 폄하하는 것이다. 어쩌다가 집에 손님만 와도 우리는 깨끗이 청소도 하고 집안 분위기도 바꾼다. 예수님을 영접했다고 하는 우리는 과연 무엇이 달라졌는지 생각해보아야 한다. 아무것도 달라진 것이 없다면 자신의 믿음을 점검해보아야 한다. 정말 주님을 영접한 것인지, 주님이 진정 내 안에 거주하시는지 영적으로 진단해보아야 한다.

만약 총동원 전도 주일을 앞두고 있다면 어떤 결단을 하는가? 족집게 전도법이라도 배워야 할까? 나는 지금 대전도자이신 예수님을 소개하려고 한다. 예수님께서 우리 마음의 주인이 되어주신다면 놀라운 전도인의 삶이 시작될 것이다.

예수로 사는 전도자의 삶

주님을 향해 마음 문을 열어서 나는 죽고 예수로 사는 삶을 살자. 왕이신 주님 뜻에 복종하자. 내 마음의 왕좌를 주님께 내어드리고 나면 모든 것이 단순해지고 가벼워진다. 은밀한 죄가 사라지고 시기와 질투가 사라진다. 자기를 높일 일이 없으니 자존심 상할 일이 없다. 예수님이 한 영혼, 한 영혼을 사랑하시니 누군가를 정죄할 일도 없다. 염려와 근심이 사라진 자리에 감사만 남는다.

예수님께서 최후 승리하셨으니 우리는 승리할 일만 남았다. 죄인을 사랑하셔서 자신의 생명을 주셨던 분, 전도에 지치지 않으셨던 분, 잃어버린 한 마리의 양을 찾기 위해 험한 길을 나서신 분, 예수님 그분만 계시면 충분하다. 예수님이 우리 안에 계신다면 전도가 부담이 될 수 없다.

"나는 입이 떨어지지 않아요."

"거절당할 때 기분이 좋지 않아요."

"왠지 멸시받는 느낌이 들어요."

이해한다. 이것은 옛 자아가 느끼는 감정이다. 이 순간 믿음이 필요하다. 감정을 진리로 돌이켜야 한다. 모욕감을 느낄 수 있는 나는 십자가에 못 박혀 이미 죽었음을 믿어야 한다. 우리 예수님은 불신자의 어떠한 배척에도 끄떡없는 분이시다. 실망하지 않으시고 불신자를 불쌍히 여기시고 더욱더 사랑을 부으실 것이다.

성령님이 원하시는 것을 말씀하시도록 우리의 입술을 내어드리자. 우리 힘으로는 할 수 없다. 주님이 하신다. 주님이 내 안에 사실 때 이웃은 내 삶을 통해 예수님을 볼 것이다.

예수님께서 십자가에서 죽으셨을 때 자신도 죽었다고 믿는가? 자신의 죽음을 선포하겠는가? 다시 사신 예수님을 자신의 생명으로 알고 주인의 자리를 내어드리겠는가? 예수님이 이끄시는 삶에

철저히 순종하겠는가? 그래서 이제는 순종하는 전도자가 되겠노라 결단하겠는가?

부담감을 안고 전도 대상자를 찾아가라는 말이 아니다. 진정한 전도자이신 예수님께 자신의 삶을 양도하겠는지 묻는 것이다. 이제부터 내 안에 계신 예수님이 전도를 위해 구체적으로 명령하실 때 순종하겠는가?

예수님, 전도할 때 망설였던 나는 십자가에서 이미 죽었습니다.

전도할 때 왠지 부끄러웠던 나는 십자가에서 이미 죽었습니다.

전도할 때 거절당할 것을 염려하던 나는 십자가에서 이미 죽었습니다.

전도할 때 나에게 욕하던 사람을 미워하던 나는 십자가에서 이미 죽었습니다.

억지로 마지못해 전도하던 나는 십자가에서 이미 죽었습니다.

이제 십자가에서 죽은 나를 확인합니다.

나의 새 생명이 되신 예수로 살겠습니다. 주님이 하십니다.

주님의 음성이 들리는 대로 순종하겠습니다.

주님이 명령하시면 찾아가겠습니다.

주님이 쉬지 않고 일하시도록 쉬지 않고 기도하겠습니다.

주님의 마음이 급한 이유

나의 종말, 세상의 종말

"우리 생명은 유한한가?"

이 질문에 대해 아무도 부정하지 않는다.

"우리의 유한한 생명은 언제 끝날지 모른다."

이 말에도 쉽게 동의한다. 그런데 이 동의가 정직한 것인지 의심스러울 때가 있다. 실제 우리의 삶을 보면 '죽음'을 염두에 두고 사는 것 같지 않기 때문이다. 누군가를 용서하지 못하고 미워하는 데 많은 시간을 허비한다. 온갖 무가치한 일에 세월을 낭비하고 '내일'이라는 시간이 무한대로 있는 것처럼 중요한 일을 미루며 산다.

"내일은 예수 더 잘 믿고, 내일은 좀 더 나아지겠지."

다짐과 함께 또 다른 내일을 기대해보지만 오늘과 똑같은 내일만 반복할 뿐이다. 오늘은 어떤 날인가? 어제보다 하루 더 주님 오실 날에 가까운 날이다. 개인의 종말에 더 가까워진 날이다. 주님이 실재하시는 삶을 사는 사람은 오늘을 주님의 재림에 더 가까워진 날로 살아간다. 그래서 이들은 영혼 구원에 다급하신 하나님의 마음을 읽어낸다.

영생을 준비하신 하나님은 오늘이 구원 받을 만한 때라고 말씀하신다. 절대 내일로 미루지 않으신다. "좀 더 믿음이 강해지면 예수를 전할 수 있을까?", "세상이 좀 더 나아지면 예수를 잘 받아들일 것 같은가?", "무슨 훈련을 받고 나면 예수를 더 잘 전할 것 같은가?" 절대 그렇지 않다.

그 가슴에 예수의 마음이 꽉 찬 사람만이 전하게 되어 있다. 주님은 마음이 급하시다. 주님은 한 영혼의 종말과 세상의 종말을 알고 계시기 때문이다. 우리는 그 때와 시기를 알 수 없지만, 주님의 마음은 알 수 있다. 주님으로 사는 사람은 다급하신 주님의 마음을 알 수 있다. 급하신 주님의 마음으로 전할 수밖에 없는 것이다.

하나님의 인내심만큼

인류 역사는 하나님을 모르는 악으로 점철되고 있다. 지구촌 구석구석에서 하나님의 진노를 피할 수 없는 죄악이 횡행하고 있다. 그런데도 하나님은 참고 계신다. 측량할 수 없는 인내심으로 참고 계신다. 당신은 어떻게 생각하는가?

'하나님은 인내하심이 대단하시다', '사랑이 한이 없으시다', '참으시는 김에 더 참아주시고, 사랑하는 김에 더 사랑해주세요' 어쩌면 우리가 말로 표현하지 않을 뿐, 이런 생각을 하고 사는지도 모른다. 세상 속에서 우리가 아무런 믿음의 행동을 하지 않고, 어제와 같은 오늘을 살고 있다면 우리는 "마라나타"를 외칠 수 없다. 마라나타(주 예수여 어서 오시옵소서)가 아니고 미뤄나타(미뤄두었다가 나중에 오세요)가 진짜 속마음일 것이다.

흔히 시간을 더 주고 싶을 때 우리는 이렇게 수를 센다.

"셋을 센다. 하나, 둘, 둘 반, 둘 반에 반, 둘 반에 반에 반."

하나님이 이렇게 시간을 연장하고 계신지도 모른다. 인내하시고 사랑하시는 만큼. 잃어버린 양을 향한 하나님의 마음은 급하시다. 이것을 느끼지 못한다면 하나님의 마음을 안다고 할 수 없다. 이런 하나님의 마음을 읽어낸 사람 역시 하나님과 똑같이 마음이 급하다. 인간의 악이 기승을 부릴수록, 인내하시는 하나님의 마음을 알수록 마음이 급하다. 마음이 급한 사람은 기도가 애절하다. 시간이 없으니까 중요한 것에 집중한다. 그것밖에 보이지 않는다. 중요한 것에 집중하는 사람은 놀라운 능력을 발휘한다. 바로 하나님께서 부어주시는 능력이다.

하나님의 마음을 품었는가? 하나님께서 말씀하신다.

"내가 급하다."

나의 조국 대한민국

예고 없이 벌어지는 일이 있을까? 소소한 일부터 대형 사건까지 예고 없이 벌어지는 일이 얼마나 당황스러운가?

"어둔 밤 쉬 되리니"라는 찬송이 있다. 이 찬송 가사대로 어둔 밤이 찾아오리라고 주님은 우리에게 계속 예고하신다. 다른 나라를 통해서 계속 경고하시고, 충격적인 예고편도 보여주신다. 그런데 도대체 깨닫지 못하고, 눈앞에 떨어진 콩 주워 먹기에만 급급한 우리는 아닌지 깊이 생각해보아야 한다.

불과 얼마 전까지만 해도 서구의 많은 나라들이 기독교 국가였다. 그러나 지금은 그 많은 나라들이 기독교 국가임을 포기하고 다문화, 다종교의 길을 선택했다. 대통령에 의해 성경이 공개적으로 조롱거리가 되기도 했다. 성경적 내용이 법적 제재를 받기도 하고 공공 장소에서 예수를 전하는 것이 금지되기도 했다. 심지어 크리스마스카드를 보내서는 안 되는 나라도 있다.

하나님은 성경을 통해서 인간의 타락과 멸망을 보여주셨다. 이같은 사실은 세계 역사를 통해서도 쉽게 볼 수 있다. 하나님은 언제나 먼저 예고하시는 분이다. 하나님은 인자하시고 선하시기 때문이다. 따라서 주님의 예고에 대한 우리의 반응에 문제가 있는 것이다.

당신은 복음을 전하고 있는가? 현재 한국은 세계 어느 나라보다 예수 믿기에 좋은 나라이다. 그러나 분명히 복음대로 사는 것이 어려울 때가 한국에도 올 것이다. 그래서 주님은 지금 마음이 급하시다. 부족함이 없는 상황이 주님이 주신 복이라고 말하며 안주해버리면 그것으로 끝이다. 내 삶에 복음의 능력이 발휘되지 않고 더 이상 나를 통해 복음이 흘러가지 않는 상황이라면 이제 멀지 않았다. 지금 정신을 차리지 않는다면 대한민국의 교회들은 못다 핀 꽃봉오리가 천둥 번개에 오그라들 듯 그럴 것이다.

복음! 완전한 복음 앞으로 전도자가 먼저 나와야 한다. 복음의 증인된 삶을 살아내야 한다. 우리를 통해 복음이 전해져야 한다. 하나님의 음성이 들리지 않는가?

"네 조국 대한민국이 급하다."

영접기도를 한 후에

"세상에는 죄 없는 사람이 없어요. 저도 죄인인 걸요. 선생님은 어때요? 죄인입니까?"

"저도 죄인이죠. 죄 없는 사람이 어딨어요?"

"그렇다면 선생님, 죄에서 구원 받는 길이 있습니다. 죄인인 것을 인정하셨으니 예수님만 믿으면 됩니다. 선생님의 죄를 대신해서 하나님 아들이신 예수님이 십자가에서 죽으신 것을 믿으면 천국에 갈 수 있습니다. 이것을 믿고 천국 가시겠습니까?"

"예."

전도 대상자가 "예"라고 대답해서 그저 고맙고 반가웠다. 영접기도를 따라하게 하고 하나님의 자녀로 거듭났다고 연신 축하를 했다. 나는 이런 식으로 자주 전도했다. 이렇게 영접기도를 마친 사람이 있는 날은 내 발걸음도 한결 가벼웠다. 한 건 한 것이다.

그러나 그들은 예수를 믿은 것이 아니고 그저 천국 보험용 계약에 들어간 것뿐이었다. 첫 불입금조차 넣지 않았고, 여차하면 해지할 형편이다. 그 사실을 아는 데는 단 일주일도 걸리지 않았다. 그는 주일이 와도 하나님을 예배하지 않았다.

아들이 유치부에서 주일마다 하나님을 예배할 무렵, 나는 궁금했다. 이 아이가 정말 예수를 믿고 있는 것인지.

"너 죽으면 하나님 계신 천국에 갈 것 같니?"

"응."

"천국은 어떻게 갈 수 있지?"

"예수님이 내 죄를 대신해서 죽으셨어요. 나는 그 예수님을 믿기 때문에 천국 가요."

아들의 고백이 참 기특해서 탄성을 질렀다. 그 아이가 초등학교, 중학교를 거쳐 이제 고등학생이 되었다. 그동안 몇 차례 아이로부터 좀 더 구체적인 고백을 들었지만 더는 내게서 탄성이 나오지 않는다. 왜냐하면 난 말의 고백을 듣고 싶은 것이 아니라 삶을 보고 싶었기 때문이다. 삶에서 예수가 주인 된 증거, 지금 천국을 사는 증거 말이다.

주님을 주主로 시인한 신앙고백으로 천국에 간다는데, 왜 방금 영접기도를 마친 사람에게 복음을 더 전해야 할 것 같은 생각이 들까? 예수님을 영접했다는 그들의 말을 그대로 믿어도 되는 걸까? 알 수 없는 이 허전함을 채우기 위해 우리는 몇 가지 말을 더 붙인다.

"예수를 인격적으로 만나야 해요."

"성령세례를 받아야 해요."

마치 예수를 믿는 데에 몇 가지 단계가 있는 듯이 말이다. 그렇다면 이 단계를 모두 거치고 나면 정말 예수를 믿게 되는 것일까? 내가 전도한 사람이 어느 단계까지 왔는지 바르게 판단할 수 있을까? 나도 어려운데 이 모든 것을 타인에게 적용할 수 있을지 만무하다.

"나는 구원받았어, 마음으로 믿어 입으로 시인했으니까."

그런데 그 마음은 정말 믿을 만한가? 그 입술의 고백은 진실한 것이었을까? 자신의 유익을 따라 얼마든지 바뀔 수 있는 마음과 입술의 고백을 신뢰해도 좋은 근거는 무엇인가? 영접기도 했으니 자신은 구원받은 백성이라 착각하고 마귀의 그늘에서 놀고먹는 사람이 있을까 봐 두렵다. 왜냐하면 그들은 교회 주변 또는 교회에 왔다 갔다 하면서 '나름 복음'을 철벽같이 의지할 것이기 때문이다.

진리의 다림줄이 주님 손에 있다. 그분만이 우리의 신앙을 심판하실 것이다. 엉터리 확신으로 천국 티켓을 손에 쥐었다고 안심하는 영혼들이 있을까 봐 두렵다. 꺼진 불도 다시 보고 돌다리도 두들겨보고 건너라고 한 것처럼 전도 받은 영혼들을 살핀다.

"당신은 예수님을 영접했고 구원을 얻었습니다."

전도 대상자에게 너무나 들려주고 싶은 말이다. 하지만 선불리 할 말은 아니다. 이 말 때문에 아직도 마귀의 그늘에서 푹 쉬고 있는 사람들이 있으니 말이다.

전도의 미련한 것

한 지인이 백화점 앞에 개인 병원을 개원했다. 상권이 좋아 사람들이 늘 붐비는 거리였다. 그런데 이분이 토요일만 되면 불평을 쏟아놓았다. 백화점 앞에서 찬양하고 전도하는 사람들이 싫었기 때문이다. 이 분은 혼자 교회에 다니는 자신의 아내에게 불만을 토로했고, 이 소식은 곧 아내와 같은 구역 사람들에게 전해졌다. 구역원들은 자연스럽게 복음을 전하는 방법에 대해 토론했다.

"좀 더 효과적이고 효율적인 방법을 찾자."

"저비용 고효율로 하자."

"맞다. 주님이 주시는 지혜가 동원되어야 한다."

주말이면 여전히 백화점이나 지하철역에서 노방전도 하는 팀을 만날 수 있다. 때로는 확성기 때문에 시끄럽다고 신고를 받은 경찰이 출동하기도 한다. 눈살을 찌푸리는 행인들과 길가에 버려진 전도지까지 쉽게 볼 수 있다.

"저건 아니다. 저래서 어떻게 예수를 믿겠는가?"

"저렇게 전도지를 많이 뿌린다고 몇 명이나 보겠나?"

"비효율적이다."

당신은 어떻게 생각하는가. 이에 대해 여러 가지 분석도 나올 수 있다. 나도 노방 전도대의 활동에 대해 심각하게 고민하고 비판한 적이 있다.

그런데 어느 날 예수님의 눈으로 노방 전도대를 보게 되었다. 감격이었다. 효율을 운운할 수 없을 만큼 그들은 막무가내로 예수님을 사랑하는 듯 보였다.

효율로 따지면 예수님이 가장 고비용을 투자하셨다. 주님의 보혈로 구원 받는 자의 수가 효용 있는 계산이었을지 의문이다. 사랑은 계산할 수도, 효율을 따지지도 못할 만큼 눈이 머는 것이다. 나도 비효율적이라고 노방 전도대를 비난했던 것을 주님 앞에서 회개했다.

효용 없어 보이는 길을 택한 그들은 전도의 총알받이와도 같다. 진리를 공격하는 불신자들의 총알을 온몸으로 맞고 또 맞고 있는 것이다. 그러다가 불신자의 총알이 동이 나면 그 순간에 나 같은 전도자가 나서서 복음을 순적하게 전하게 되는 것이다. 전도지를 길가에 내동댕이치던 불신자의 손이 언제가 내가 전하는 전도지를 받아들고 읽게 될 날이 있을 것을, 나는 믿는다.

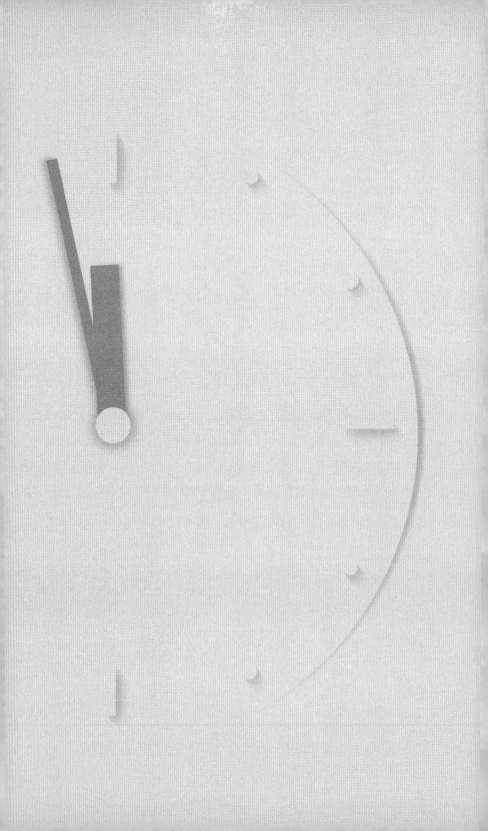

part

2

예수님이
필요한
100가지
상황

3장

인생이
대체
무엇이기에

001

/

날아가는 화살처럼
세월이 빨리도 지나가네요

가을, 떨어진 낙엽을 볼 때면 서글픈 생각이 들진 않는지요?

흘러가는 세월을 의식하지 못하다가,

어느 날 무심코 들여다본 거울 속에서

당신의 어머니나 아버지의 모습을 발견하게 되진 않나요?

그럴 때 당신은 무슨 생각을 하게 되나요?

"나도 이제 다 늙었구나."

세월의 덧없음과 허전함, 막연한 두려움이 스쳐 지나갑니다.

인간이 언젠가는 가야 할 길을 당신도 머지않아 따르게 될 것입

니다. "머지않았다"라는 표현이 야속하십니까?

이 표현이 야속한 것이 아니라, 실제로 세월이 야속한 것입니다.

야속한 그 세월을 다 보내고, 당신은 대체 어디로 가실 건가요?

이런 답하기 곤란한 질문을 반기는 사람들이 있습니다.

바로 예수를 믿는 사람들입니다.

예수를 믿는 사람에게 인생은 결코 허무한 것이 아닙니다.

그들은 죽음을 결코 두려워하지 않습니다.

죽음이 끝이 아니기 때문입니다.

예수 믿는 사람에게는 영원한 생명이 있기 때문입니다.

이제 당신은 어디로 가실 겁니까?

낙엽이 지고, 병에 걸리고, 주름살이 늘어나고 체력이 약해져도,

다가올 죽음이 두렵지 않을 영원한 생명의 길이 있습니다.

그러나 이 영생은 당신의 힘으로는 얻을 수 없습니다.

당신은 마음에 하나님 두기를 싫어하는 죄인이기 때문입니다.

죄를 용서받아야만 하나님과 영원히 함께할 수 있습니다.

당신의 죄를 용서하시기 위해서 하나님의 아들 예수님이

당신을 대신하여 죽으셨습니다.

이제 당신은 천국에 가기 위해 그 어떤 것도 하지 않아도 됩니다.

다만 죄를 회개하고, 당신을 대신하여 죽고 다시 사신 예수님을

마음의 주인으로 받아들여 그분과 함께 살면 되는 것입니다.

"죽으면 끝이다"라는 왜곡된 확신으로 살다가

영원한 멸망의 길을 가시겠습니까?

그럴 수 없습니다.

예수 믿고 영생의 길, 천국의 길을 가셔야 합니다.

002

/

되는 일이 없어서
너무 짜증나요

불평불만으로 마음이 불편합니까?

마음대로 되는 일이 없습니까?

당신은 행복을 원하고 있군요!

행복을 원하는데 왜 그 행복이란 건 손에 잡히지 않을까요?

가끔은 '이 정도만 되어도 만족할 텐데…' 하지 않나요?

그러다가 돈이나 건강, 성공, 명예가 없어지면 어떨까요.

당장 불행하다고 느끼시겠죠?

그렇다면 이런 조건들이 유지되면 계속 행복하다고 느낄까요?

금방 식상해져서 더 많은 걸 원하게 되지는 않을까요?

이런 조건들은 완벽히 갖추기도 어려운 것이지만,

만족을 모르는 인간의 욕심은 끝없이 더 많은 것을 추구합니다.

결과적으로 인간은 돈, 건강, 성공, 명예 등에 의해서는

절대로 행복해질 수 없는 존재입니다.

그런데 전 행복합니다. 정말 행복합니다.

제가 누리는 이 행복을 당신에게도 나누어 드리고 싶습니다.

제가 행복한 이유는 정말 큰 사랑을 받고 있기 때문입니다.

바로 우주만물을 창조하신 하나님이 나를 사랑하여 주십니다.

그분을 떠났던 저를 먼저 찾아오셔서 사랑해주셨습니다.

나와 함께하기 위해 그분의 독생자를 제가 죽어야 할 자리로

보내시어 대신 죽게 하셨습니다.

그리고 저를 그분의 자녀로 삼아주셨습니다.

예수님은 다시 살아나시어 저의 생명이 되셨습니다.

이 행복은 세상이 주지 못하는 행복입니다.

생명을 준 사랑이며, 변치 않는 영원한 사랑이기 때문입니다.

예수님은 세상 끝날까지 나와 함께하시며,

영원한 천국으로 인도하십니다.

하나님은 당신의 삶을 기쁨과 감사로

가득하게 하실 수 있는 유일한 분입니다.

하나님의 사랑을 받아들이십시오.

예수님을 영접하십시오.

당신은 천국의 삶을 사는, 진정 행복한 사람이 될 것입니다.

003

/

지금의 내 모습이
마음에 안 들어요

지금 당신은 어린 시절 당신이 꿈꾸던 모습인가요?

그때 당신은 부모님의 요구로 인해 잦은 갈등을 겪었습니다.

그러나 성인이 되자, 누구도 당신을 움직일 수 없게 되었습니다.

그렇습니다. 당신은 지금, 인생의 주인으로서 살고 있습니다.

무엇에 영향을 받는다 해도 결국 당신이 결정하고 행동합니다.

그런데 지금 당신의 모습은 어떻습니까?

당신이 원했던 모습 그대로입니까?

당신이 주인으로서 당신의 삶을 살고 있는데도

당신이 원했던 모습대로 살지 못하는 이유는 무엇일까요?

사실 당신은 그 이유를 잘 알고 있습니다.

어떻게 해야 당신이 원하는 당신이 될 수 있는지도요.

문제는 그 답대로 살지 못하는 것입니다.

왜 원하는 대로 살아지지 않을까요?

당신이 진짜 주인이 아니기 때문입니다.

당신 인생의 주인은 따로 있습니다.

세상의 모든 만물은, 하나님이 설계하신 것입니다.
따라서 만물의 존재 이유는 하나님으로부터 나오며,
당연히 주인은 하나님이십니다.
인간도 마찬가지입니다.
그래서 하나님을 떠나서는 아무리 발버둥을 쳐도
자신이 계획한 대로 살아갈 수 없습니다.
컴퓨터가 아무리 똑똑해도 설계자의 의도를 넘어설 수 없습니다.
그런 컴퓨터를 우리는 '고장 났다'고 말합니다.
설계자 하나님의 의도를 벗어나는 인생은 '고장 난' 것입니다.
이제 당신이 인생의 주인이 아님을 인정하시기 바랍니다.
진정한 주인이신 하나님이 보여주시는,
당신을 향한 가장 완벽한 설계의 그림을 경험하시기 바랍니다.
완벽한 설계대로 살 능력 또한 당신에게서 나올 수는 없습니다.
완벽한 하나님의 작품이었던 당신은
죄로 인해 하나님의 아름다운 의도에서 멀어졌고,
그 설계자와의 관계도 끊어졌습니다.
그러나 하나님이 아들 예수 그리스도로 하여금
당신의 죄를 모두 담당하게 하셨습니다.
이제 예수님이 죽은 십자가에 고장 난 당신의 삶을 못 박으십시오.
하나님이 창조하신 원형으로 다시 새롭게 회복될 것입니다.

004

/

인생 뭐 있어요?
즐겁게 살다 가는 거죠

당신은 인생을 낙천적으로 보시는군요.

"인생이 다 거기서 거기죠. 특별한 인생이 어디 있나요."

당신은 아웅다웅 살아가는 사람들을 보며 안타까워할지 모릅니다.

그러나 아무리 낙천적인 인생관을 가진 사람도

급박하고 중차대한 문제 앞에서는 여느 사람들과

비슷한 행동 양상을 보인다는 사실을 아시나요.

그들도 자녀가 갑자기 아프면 응급실로 뛰어가고,

집에 불이 나면 부리나케 불을 끌 것입니다.

급박하고 중차대한 문제는 그에 걸맞게 대처하게 됩니다.

이제 당신은 그 낙관적 관조 속에 묻어두었던,

그 급박하고 중차대한 한 가지 문제에 대해

그에 걸맞게 대처해야 합니다.

왜냐하면 그것은 반드시 일어날 일이며,

또 언제 일어날지 모르는 일이고,

그 일의 결과는 지금 당신의 결단에 따라

엄청나게 다른 결과를 가져올 것이기 때문입니다.

그 일은 바로 '죽음'입니다.

죽음의 문제는 당신이 낙천적인 것과 상관없이

지금 이 순간에도 당신 앞으로 냉정하게 다가오고 있습니다.

죽음은 또 다른 세상으로 나가기 위한 문입니다.

모든 사람은 죽어 하나님의 심판대 앞에 서게 될 것입니다.

하나님을 마음에 두기 싫어한 모든 사람은 지옥으로 갑니다.

당연한 결과입니다.

하나님을 싫어하고 자기가 하나님인 것처럼 살고,

자기만족을 위해 살았던 당신은 하나님 나라 백성이 될 수 없습니다.

그러나 좋은 소식이 있습니다.

당신이 잡을 수 있는 단 하나의 구원의 줄이 있습니다.

바로 예수 그리스도입니다.

예수 그리스도는 하나님의 심판대에서

하나님 나라에 대한 당신의 반역죄를

자신이 흘린 십자가 피로 덮어주실 것입니다.

이 예수를 믿는 믿음만이 당신을 영원한 지옥에서 영원한 생명,

즉 천국으로 옮길 수 있습니다.

'당신이 맞이할 죽음'도 낙천적으로 좋게만 생각하면 될까요?

죽음이 끝이면 그렇게 생각해도 됩니다.

그러나 죽음은 끝이 아닙니다.

천국과 지옥이 있습니다, 반드시.

005
/
조만간 결혼해요
행복한 가정을 꾸릴 생각을 하니 정말 좋아요

곧 결혼을 하신다니 축하드립니다.

결혼하는 당신에게 정말 필요한 선물을 드리고 싶군요.

이 글을 끝까지 읽으신다면 결혼을 위해 준비한 그 어떤 것보다

귀중한 선물을 받게 될 것입니다.

하루에도 수많은 커플이 결혼합니다.

한결같이 그들은 결혼이 자신에게 행복을 가져다줄 것이라고

기대합니다. 불행해지려고 결혼하는 사람은 없을 것입니다.

그러나 신혼여행에서부터 다툼이 생기고

금이 가기 시작하는 이유는 무엇일까요?

당신은 가정을 누가 이끌어야 한다고 생각하십니까?

남편인가요? 아니면 아내일까요?

부부간의 불화는 항상 이 때문에 일어난다고 할 수 있습니다.

아내는 자기 생각이 옳다고 생각하고,

남편은 자기 의견이 옳다고 생각합니다.

그래서 자신의 주장이 관철되지 않으면 불행을 느낍니다.

이것이 되풀이되면 결국 배우자가 자신을
더는 사랑하지 않는다고 결론 내립니다.
두 사람의 생각이 항상 같을 수는 없습니다.
그러면 어떻게 하죠?
아내도 남편도 자신이 가정의 주인이기를 포기해야 합니다.
그래야 진정 행복할 수 있습니다.
그러면 가정의 주인이 없습니까? 아닙니다.
그렇다면 누가 가정의 주인이란 말입니까?
가정의 진정한 주인은 하나님이십니다.
하나님만이 당신과 당신 가정을 아름다운 질서와 완전한 평화,
사랑으로 이끄실 수 있습니다.
그러나 당신이 하나님을 주인으로 모시고 싶어도
당신의 죄 때문에 그분은 당신과 함께하실 수 없습니다.
그래서 하나님은 당신 가정의 진정한 주인이 되시기 위해
예수님을, 당신 죄를 대신해 죽게 하심으로 죗값을 치르셨습니다.
죽음을 이기시고 다시 사신 그 예수님을
당신과 당신 가정의 주인으로 모시세요.
예수님이 주인 되시는 가정은 영원한 천국을 누리는
기쁨과 참사랑이 넘치게 됩니다.

006

/

지난 삶 가운데
후회되는 일이 많아요

어떤 일이 후회가 되시는지요?

청년의 때에는 그것이 옳아 보였습니다. 옳다고 생각했습니다.

아니, 사실 그것을 하고 싶었습니다.

그래서 당신은 당신의 자아가 원하는 대로 했습니다.

그러나 후회하게 되기까지 그리 오랜 시간이 걸리지 않았습니다.

한 번밖에 못 산다고 해서 일생一生이라고 한다지요.

누구도 인생을 연습할 수 없습니다.

부모는 그들 자신이 경험한 지혜로 우리 인생을 이끌어줍니다.

그러나 어릴 때 엄마 치맛자락을 놓기 싫어하던 당신도

사춘기를 거치면서 당당히 자기 인생의 왕으로 등극했고,

이후로는 당신 자신이 원하는 대로 살아왔습니다.

그래서 원하는 모습 그대로 되었습니까?

마음대로 했기 때문에 후회는 없습니까?

마음대로 못해서 후회되기보다는 마음대로 해서

결과가 좋지 않아 후회스러운 것이 더 많습니다.

되돌릴 수만 있으면 되돌리고 싶고,

완전히 삭제하고 싶은 것도 있습니다.

그러나 후회를 하든 안 하든, 인생이란

그 오류에 대한 대가를 스스로 치르게 되어 있습니다.

그렇다면 당신의 인생에 아직 해결하지 못한 심각한 오류,

즉 죄가 있으며 바로 그 죄 때문에

영원한 지옥 형벌을 받게 된다는 것을 알고 계십니까?

죽으면 끝이니 후회 같은 건 없을 거라고 생각하셨나요?

그러나 죽는다고 끝은 아닙니다.

하나님은 한 번 죽는 것은 사람에게 정해진 것이며,

죽은 후에 반드시 심판이 있다고 하셨습니다.

당신의 삶의 가장 큰 오류는,

당신의 죄를 사하시려고 죽음으로 죄의 대가를

대신 치러주신 예수님을 믿지 않은 죄입니다.

죽고 나서 후회한들 너무 늦습니다.

왜냐하면 그 후회는 지옥에서 하게 될 것이기 때문입니다.

따라서 인생의 끝 날이 오기 전에 이 문제를 해결해야 합니다.

당신을 위해 생명까지 버리신 예수님을 마음을 열고 맞아들이면,

이제부터 예수님이 당신을 후회 없는 삶으로 인도하실 것입니다.

007

/

인생의 짐이 너무 무거워요

사람들은 누구나 무거운 짐을 지고 살아갑니다.

모두 그 짐을 벗어버리고 싶어 합니다.

가진 게 많아도 그 무거운 짐을 견디지 못해 자살합니다.

재벌 회장, 연예인, 전직 대통령도 다르지 않습니다.

무거운 짐을 지고 사는 것은 그래도 괜찮습니다.

인간은 모두 얽매인 죄를 지고 삽니다.

얽매인 죄는 말하기도 부끄럽습니다.

누구에게 자신의 죄상을 밝히 말할 수 있겠습니까?

그래서 우리는 숨기고, 포장하고, 얽매인 채로 살아갑니다.

얽매인 데서 해방되고 싶은 마음에 착한 일도 좀 해보고,

나만 그런 것이 아니라고 변명도 해봅니다.

'그래도 나는 괜찮은 편'이라고 주장하기도 하고,

다른 이를 향해 죄질이 나쁜 형편없는 놈이라며 비난도 해봅니다.

어떻게 해야 이 무거운 짐과 얽매인 죄를 벗어버릴 수 있을까요?

누군가 당신의 짐을 대신 져줄 수만 있다면,

얽매인 죄에서 해방시켜 자유를 줄 수 있다면 어떨까요?

그야말로 천국의 삶을 살게 될 겁니다.

염려와 걱정이 다 사라지고, 자유와 평안을 누리게 될 것입니다.

누가 당신 대신 그 짐을 져줄 수 있을까요?

누가 얽매인 죄에서 당신을 구원해줄 수 있을까요?

이 세상에 그럴 수 있는 사람은 아무도 없습니다.

모든 사람이 당신과 똑같이 한계를 가졌기 때문입니다.

자신의 죄도 어쩌지 못하는데, 남의 죄를 어찌 감당하겠습니까?

그 일은 오직 하나님만이 하실 수 있습니다.

그리하여 이미 아들 예수 그리스도를 통해 이루셨습니다.

예수님은 당신의 짐과 얽매인 죄로 인해 받아야 할 고통을

십자가에서 이미 다 받으셨습니다.

죽음으로 그 값을 치르셨습니다.

더는 망설이지 마십시오.

예수님 앞에 나아오기만 하십시오.

무거운 짐을 벗고 얽매인 죄에서 해방되어 천국을 살게 됩니다.

008

/

사업이 부도를 맞았어요

사업을 접고 엄청난 후폭풍에 시달리고 계시는군요.

몸 사리는 친척, 소원해진 친구 관계, 암담한 미래로

몸보다 마음이 더욱 힘들지도 모르겠습니다.

'돈이 얼마만 있으면 숨통 좀 트일 텐데'라고 생각하시나요?

하지만 돈은 인생의 완전한 해결책이 될 수 없습니다.

만약 돈으로 완전한 행복을 누릴 수 있다면,

가진 자들이 고통받는 이유는 무엇일까요?

많이 가졌는데도 불구하고 끊임없이 더 원하는 이유를

어떻게 설명할 수 있을까요?

부도의 고통 속에 있는 당신 삶의 진정한 해결자를 소개합니다.

바로 예수 그리스도이십니다.

당신을 창조하신 하나님은 당신이 진정 행복할 수 있는 길을

이미 예비해놓으셨습니다.

그런데 왜 당신은 진정한 행복을 누리지 못했을까요?

바로 당신의 죄 때문입니다.

'내가 무슨 죄?' 하며 억울한 생각이 드십니까?

'나보다 나쁜 사람이 훨씬 많은데' 하며 합리화하고 싶습니까?

거룩하신 하나님 앞에 죄 없는 인간은 한 명도 없습니다.

죄로 인해 모든 인간은 지옥에 떨어지는

심판을 받게 되어 있습니다.

이 땅의 고통은 길어야 백 년이지만, 지옥 형벌은 영원합니다.

위로는커녕 더 절망적입니까? 그렇지 않습니다.

우리에게는 지옥으로 가지 않을 길이 있습니다.

착한 일을 한다고 죄가 없어지는 것은 아닙니다.

죄는 오직 죗값을 치러야만 없어집니다.

그 죗값을 어떻게 치를 수 있을까요?

당신의 죗값을 대신 치러줄 만한 사람이 있습니까? 없습니다.

다른 사람들 또한 자기 죄 때문에 지옥에 갈 것입니다.

우리의 죗값은 오직 단 한 분,

죄 없으신 하나님의 독생자만이 치러주실 수 있습니다.

그분이 당신 대신 십자가에서 죗값을 치르셨습니다.

이 예수를 마음에 영접하면 그분의 새로운 생명을 얻으며

천국에 이를 수 있습니다.

하나님께서는 당신이 부도로 인한 절망을

천국 소망으로 바꾸어 진정한 행복을 누리길 원하십니다.

009

/

할 수만 있다면
다시 새롭게 인생을 시작하고 싶어요

과거는 잊고 새롭게 출발하고 싶습니까?

그러나 늘 작심삼일이었습니다.

그리고 다시 원래의 자리로 돌아갔습니다.

새로운 결심은 있었지만 새로운 인간은 없었습니다.

왜 그토록 새롭게 되기가 쉽지 않을까요?

인간이란 대강 고쳐서 다시 쓸 수 있는 존재가 아니기 때문입니다.

새롭게 되는 일은 결심한다고 되는 게 아니기 때문입니다.

당신의 자아가 바뀌지 않는 한, 결코 이루어질 수 없는 일입니다.

그렇다면 어떻게 해야 죽고 새롭게 될 수 있을까요?

답은 하나입니다. 새롭게 태어나야 합니다.

어떻게 죽고, 어떻게 다시 태어날 수 있을까요?

어머니 배 속으로 다시 들어갈 수도 없는데요.

사람으로서는 할 수 없지만, 하나님으로서는 가능한 일입니다.

하나님은 당신이 죽어야 할 그 자리에

당신 대신 독생자 예수를 세우셨습니다.

그분은 당신의 죄를 감당하여 대신 죽으셨습니다.

그때 당신도 함께 죽었습니다.

그리고 부활하신 예수님과 함께 당신도 새 생명을 얻게 되었으며,

그분이 당신의 완전한 통치자가 되시는 새로운 삶을

살게 되었습니다. 이것이 '다시 태어나는 것'입니다.

하나님을 마음에 두기 싫어하던 당신의 옛 자아는

십자가에서 죽었기에 당신은 예전의 당신이 아닙니다.

당신 삶의 주인은 이제 바뀌었습니다.

당신 삶의 주인은 이제 예수님입니다.

이 약속의 말씀을 믿을 때 당신은 새롭게 태어나며,

그토록 지겨운 삶이 변하여 새로운 삶이 되는 것입니다.

환경이 새로워져서가 아니고 당신이 새 사람이 되었기 때문입니다.

마음대로 살면 행복할 것 같았지만 불행했던 당신,

자신이 주인 되었던 옛사람의 당연한 한계를 벗어나

새로운 삶을 약속하시는 하나님을 믿음으로 바라보십시오.

예수 그리스도의 죽음과 부활이 삶의 실제가 될 때

당신은 새로운 피조물로 거듭날 것입니다.

하나님이 통치하시는 새로운 삶을 통해 지금부터 영원한

천국의 삶을 경험하며 누리는 복을 선물로 받으십시오.

010

/

죽을병에 걸렸어요
곧 죽을 텐데 종교가 다 무슨 소용인가요?

당신이 겪었을 고통을 몇 마디 말로 위로할 수는 없을 것입니다.

병상에 누워 당신은 어떤 생각을 하고 있습니까?

추억이 떠오를 때도 있고, 후회되는 일도 떠오를 것입니다.

그렇다면 당신은 지금 희망이나 소망, 꿈 같은 것과는 거리가 먼,

그저 죽음을 앞둔 육체 덩어리에 불과합니까?

그렇지 않습니다.

죽음의 문을 통과하면 영원의 세계가 펼쳐질 것이기 때문입니다.

하나님은 두 곳을 준비해두셨습니다.

한 곳은 지옥이고, 다른 한 곳은 하나님이 계신 천국입니다.

인간이 죽는 것은 하나님이 정하신 것입니다.

그리고 그 후에는 심판이 있습니다.

죄지은 영혼은 꺼지지 않는 불지옥에서 영원히 살게 됩니다.

당신이 지나온 삶을 정직하게 돌아보기 바랍니다.

하나님이 계시는 천국에 갈 수 있겠습니까?

거짓과 위선, 탐심, 음란, 자랑, 시기, 질투, 자기만족, 이기주의.

이런 삶을 산 사람은 지옥에 갈 수밖에 없습니다.
그러나 천국에 갈 방법이 있습니다.
하나님은 아들 예수로 하여금 당신이 지은 모든 죗값을
대신 치르게 하셨습니다.
죄인인 당신이 지옥 불에 떨어지지 않도록 말입니다.
이 엄청난 용서의 선물인 예수를 믿지 않고 거부한다면,
심판을 면치 못할 것입니다.
지옥에 가면 당신은 오히려 질병의 고통을 그리워하게 될 것입니다.
지금 당신은 지옥행 열차를 타고 있습니다.
제 표현이 야속하게 느껴집니까? 아닙니다.
당신 가까이 다가온 지옥 앞에서 감상적인 생각은 접어두십시오.
어서 빨리 예수 그리스도를 마음으로 믿고 입으로 시인하십시오.
그리하면 예수님이 하나님의 심판대 앞에서
당신을 변호해주실 것입니다.
"이 사람을 위하여 내가 십자가에서 피 흘렸습니다."
예수님이 당신을 변호해주시면 당신은 면목 없으나
당당하게 천국에 가게 됩니다.
천사의 마중을 경험하는 천국에서의 영원한 삶의 시작을
맛보게 될 것입니다. 기대하세요.

011
/
늙어서 죽을 날만 기다리고 있는데
교회 간들 뭐가 달라지겠어요?

당신은 사람들에게 복 있는 노인이란 말을 들어왔을 것입니다.

그 연세가 될 때까지 대체로 건강했고,

인생의 어려움을 모르고 지내왔으며,

자녀들 모두 사회적으로 성공하여

좋은 직장과 안정된 가정생활로 효도하고 있고,

손주들까지 똑똑하여 당신에게 기쁨을 안겨주었을 테니까요.

그러나 이 모든 것을 남겨두고 떠나가야 할

시간이 다가오고 있습니다.

"그런데 어디로 떠나가십니까?"

"가긴 어디로 가? 죽으면 끝인데."

많은 사람이 죽으면 끝이라고 생각합니다.

이 말은 "죽으면 끝이었으면 좋겠다"의 다른 표현이기도 합니다.

누군가는 사뭇 용감하게 말하기도 합니다.

"천국과 지옥이 있다고? 할 수 없지. 까짓것 지옥 가면 되지."

하지만 이 또한 "지옥 같은 것은 없다"의 또 다른 표현일 뿐,

"난 지옥에 가도 괜찮다"는 진심은 아닐 것입니다.

어쨌든 당신은 곧 죽음을 맞이할 것이고,

하나님이 준비하신 심판도 맞이할 것입니다.

지난날 당신의 모습을 정직하게 돌아보시기 바랍니다.

거룩하신 하나님의 심판을 면할 수 있겠습니까?

나에게는 아무런 죄가 없다고 주장할 수 있겠습니까?

모든 인간은 죄인으로 태어나,

죄를 짓고 살다가 죄 가운데 죽습니다.

그래서 지옥에 갈 수밖에 없는 운명입니다.

이것이 죄인으로 태어난 모든 인간의 운명입니다.

그러나 소망이 있습니다.

지옥에 가지 않을 길이 있습니다.

당신의 죄를 대신 지고 죽으신, 예수 그리스도가 있습니다.

그분이 당신 대신 십자가의 보혈로 죗값을 치르셨으므로,

당신은 오직 예수의 공로를 의지하여 죄 없는 자로 인정되어

지옥이 아닌 천국에 갈 수 있습니다.

당신이 할 일은 이 예수님을 마음으로 믿고

입으로 시인하는 것입니다.

이생은 길어야 백 년입니다.

짧은 이 삶은 잠시 소풍 온 것이나 마찬가지입니다.

영원한 천국, 하나님이 계신 천국이 당신을 기다리고 있습니다.

그곳에는 눈물도, 고통도, 병이나 아픔도 없습니다.

기쁨과 감사만이 넘칩니다.

자격 없는 죄인들이 오직 예수의 공로로 간 곳이기 때문입니다.

지금 아무런 소망 없이 죽음만을 예견하고

시간을 보내고 계십니까?

그럴 수 없습니다. 당신에게는 소망이 있습니다.

육체의 죽음을 뛰어넘는 소망 말입니다.

당신을 목숨 걸고 사랑하신 예수님을 믿음으로

영원한 새 생명을 갖게 되는 소망 말입니다.

예수를 바라보면 죽음도 소망이 됩니다.

012

/

침팬지는 똑똑해도
신을 찾지 않습니다

인간은 누구나 신神을 찾습니다.

지능이 높든 낮든 누구나 그렇습니다.

하지만 침팬지는 아무리 똑똑해도 신을 찾지 않습니다.

왜 그럴까요? 인간에게는 영靈이 있기 때문입니다.

하나님은 인간을 만드실 때 그 코에 자신의 생기를 불어넣어,

인간을 살아 있는 영, 즉 생령으로 만드셨습니다.

그래서 인간은 아기가 엄마를 찾듯이,

호흡을 나누어주신 하나님을 찾게 되어 있습니다.

또한 인간이 신을 찾는 이유는 하나님이 인간을 만드신 목적과

깊은 관련이 있습니다. 하나님이 인간을 만드신 목적은,

바로 인간이 자신을 만드신 하나님과 교제하고 사귐으로

그분을 기뻐하는 데 있습니다.

그러나 인간의 죄는 하나님을 찾을 수 없도록 눈을 덮어버렸습
니다. 인간은 눈이 가려진 채 끊임없이 신을 찾는 노력을

계속했고, 나름대로 신을 찾았다고 생각했습니다.

인간이 찾은 신이란 해와 달, 나무 등의 자연물과
죽은 조상, 훌륭한 가르침이나 깨달음을 준 사람이기도 했습니다.
그러나 인간을 만들었다고 하는 세상 신은 없으며,
당연히 그들이 말하는 구원도 헛된 답일 뿐입니다.
올바른 답을 갖지 못한 인간의 학문은 결국 이렇게 주장합니다.
"인간은 저절로 되어졌다. 던져진 존재다."
이것은 인간 존엄성을 훼손하는 말입니다.
오직 한 분 하나님만이 다음과 같이 말씀하십니다.
"내가 인간을 나의 형상을 따라 만들었다."
당신에게 이런 정보가 주어졌는데,
개인적인 경험과 느낌만으로 배척하시겠습니까?
당신의 경험과 느낌에 관계없이 중요한 것은 '사실'입니다.
당신이 이해할 수 없다고 해서 사실이 아닌 것은 아닙니다.
당신이 알지 못하고 이해하지 못하는 사실도 얼마든지 존재합
니다. 또한 이 사실이 영원히 증명될 수 없는 것이 아닙니다.
우리가 죽고 난 뒤, 천국 아니면 지옥에 가게 되는 운명 앞에서,
바로 우리 인생을 누가 창조했고, 왜 창조했는지 밝혀질 것입니다.
당신이 믿지 못한 그 사실이 옳았음이 증명될 것입니다.
이제 지옥 갈 당신의 죗값을 죽음으로 대신 치르신
하나님의 아들 예수 그리스도를 믿으세요.
예수님만이 당신을 하나님께 인도하는 유일한 길입니다.
하나님만이 당신이 찾던 참 신이십니다.

013
/
때때로 허전한 마음이 들어요

솔로였을 때는 사랑하는 사람만 있으면 행복할 것 같았습니다.

자녀가 없을 때는 자녀만 생기면 행복하고 좋을 것 같았습니다.

물질이 없을 때는 재정적으로 안정만 되면 좋을 것 같았습니다.

그런데 사랑하는 사람도 생기고 돈도 있는데,

더 채워져야 할 것 같은 느낌은 왜 없어지지 않을까요?

그 이유는 당신의 힘과 노력으로 가질 수 있는 모든 것을 가져도,

절대 채워지지 않는 어떤 부분이 당신 안에 있기 때문입니다.

이제 당신은 그 부분을 인정해야 합니다.

당신은 대체 누구입니까?

'당신이 누구인지' 알면 당신의 문제가 어디서 비롯되었는지

알 수 있으며, 해결 방법도 찾을 수 있습니다.

하나님은 사람을 흙으로 빚으신 후 그분의 생기를 불어넣어,

살아 있는 영적 존재로 만드셨습니다.

우리는 하나님의 호흡을 나눠 가진 존재입니다.

그래서 그분과 교제하고 사랑하도록 만들어졌습니다.

그것이 우리를 만드신 분의 의도이자 목적입니다.

당신은 하나님과 교제하고 사랑하고 계십니까?

당신이 느끼고 있는 모든 허무는 하나님과 교제하지 않고

그분을 사랑하지 못하는 데서 비롯된 것입니다.

그러나 인간은 이 사실을 부정합니다.

그러면서 스스로의 힘으로 허무를 해결해보려고 합니다.

한없는 쾌락으로 말입니다. 하지만 그 끝은 더욱 허무할 뿐입니다.

그런 것으로는 허무를 해결할 수 없습니다.

그렇다면 어떻게 해야 할까요?

죄로 인해 당신은 하나님 진노의 대상으로 전락해버렸기 때문에

당신에게는 어떻게 해볼 능력이 없습니다.

죄는 하나님과의 관계 회복에 있어서 치명적 장애입니다.

그 하나님의 진노를 당신 대신 감당하기 위해

자신의 생명을 아끼지 않고 내어주신 분이 계십니다.

바로 하나님의 아들 예수 그리스도십니다.

그분이 하나님과 당신을 화해시키셨습니다.

이 예수님을 당신의 주인으로 모셔 들이기 바랍니다.

예수의 생명이 당신 안에 들어가면,

허무감은 훅 날아가버릴 것입니다.

당신을 만드신 분이 당신을 가장 정확히 아십니다.

예수님을 통해 하나님과의 사귐으로 들어가십시오.

인생의 허무에 안녕을 고하세요.

014

/

너무 고독해요
세상에 나 혼자인 것 같아요

세상에 혼자 버려진 것 같습니까?

그 누구도 당신에게 관심이 없다고 생각합니까?

당신 자신이 세상에서 가장 외롭고 고독하다고 여길 수 있습니다.

그래서 살아갈 힘마저 잃고, 죽음을 엿보고 있을 수도 있습니다.

그러나 당신보다 더한 지독한 고독을 겪으신 분이 있습니다.

그분은 그 고독 속에서 돌아가셨습니다.

그분은 바로 우주만물을 창조하신 하나님의 독생자이십니다.

하나님이 창조하신 피조물 중에는 인간이 있었습니다.

그 인간은 하나님이 자신의 형상을 따라 창조하신,

그분이 분신과도 같이 사랑한 존재였습니다.

그러나 그 인간은 스스로 하나님이 되고 싶어서,

하나님을 배신하고 죄를 지었습니다.

그 즉시 하나님과 인간의 관계는 끊어졌고,

인간은 하나님이 정한 죄의 대가로 지옥에 처하게 되었습니다.

인간을 심판하셔야 하지만 하나님은 사랑하는 인간의 지옥행을 가장 마음 아파하셨습니다.

그래서 아들 예수를 인간 세상으로 보내셨습니다.

그때부터 예수님은 고독 가운데 떨어지셨습니다.

인간을 위해 세상에 오셨는데도

인간들에게 배척과 조롱을 받았습니다.

인간들의 죄를 대신 지고,

아버지가 가장 싫어하는 죄인이 되었습니다.

그리하여 아버지로부터 버림받아 십자가를 졌습니다.

가장 처절한 고독의 자리로 내몰린 것입니다.

정말 아무도 당신의 존재에 관심이 없다고 생각합니까?

당신이 죽는다 해도 세상이 여전히 잘 돌아가리라 생각합니까?

그렇지 않습니다. 당신은 크게 오해하고 있습니다.

당신은 우주만물의 주인이신 하나님의 관심 대상 1호입니다.

왜냐하면 당신은 누구보다 심약한 상태에 있기 때문입니다.

아픈 자식일수록 더욱 관심과 사랑을 쏟게 되기 마련입니다.

당신의 고독은 이미 예수님이 다 감당하셨습니다.

예수님을 당신 마음에 받아들인다면,

그분은 영원히 당신을 떠나지 않으실 것입니다.

이것이 그분이 목숨을 버리신 이유입니다.

015
/
이 세상에는 경우 없고
무례한 사람이 너무 많아요

'조금만 다른 사람을 배려하고 산다면

이 세상이 그리 나쁘지 않을 것 같은데'라고 생각하십니까?

안타깝게도 세상은 애당초 그렇게 되긴 글렀습니다.

왜냐하면 모두 자기 자신을 기준으로 생각하기 때문입니다.

A가 C에게 B에 대한 험담을 했습니다.

B가 자기 이익 때문에 규정을 무시한다는 것이었습니다.

사실 C도 똑같은 이유로 B에게 A를 험담한 적이 있습니다.

부당한 행동을 하는 것 같아 얄미운 사람이 있습니까?

그런데 같은 이유로 다른 사람이 당신을 미워할 수도 있습니다.

당신은 "나는 절대 그런 사람이 아니에요"라고 항변할지 모릅니다.

하지만 종류가 달라도 자기중심적인 삶은 다른 사람을 부당하게

보고 또 다른 사람에게 부당하게 보이게 되어 있습니다.

자기만족 추구라는 본성 때문에 인간은 불행해지며

남에게도 불행을 안겨주게 됩니다.

인간의 본성이 이러한 이유는 무엇일까요?

본성이 이렇다면 우리에게는 아무런 희망도 없는 것일까요?

아닙니다. 희망이 있습니다. 새로 태어나면 됩니다.

만약 당신이 축구선수 박지성의 능력을 갖게 된다면,

또는 피겨선수 김연아의 능력을 갖게 된다면 어떻게 될까요?

당연히 박지성, 김연아와 얼굴은 다르더라도

그 능력으로 축구를 하고 피겨를 했을 것입니다.

그렇다면 우리는 우리 안에 누구의 능력이 들어와야

자기만족이 아닌 신의 성품으로 살 수 있을까요?

당연히 하나님이신 예수님의 능력이 있어야 가능한 일입니다.

그러면 어떻게 해야 그분을 우리 안에 모실 수 있을까요?

무슨 대가를 치러야 그 일이 가능할까요?

그런데 그분은 우리에게 아무것도 요구하지 않으십니다.

오히려 당신의 죄를 없애기 위해

십자가에서 당신 대신 죽고 다시 살아나셨습니다.

그리고 당신 안에 새 생명으로 들어오시기 위해

당신의 마음 문을 두드리고 계십니다.

이제 마음의 문을 열고 진심으로 예수님을 영접하십시오.

자아의 만족을 추구하던 삶을 청산하고

새 주인이신 예수님의 생명으로 살아가십시오.

그 삶은 일찍이 경험하지 못했던 천국의 삶입니다.

예수님의 능력으로 살아가는 삶으로 당신을 초대합니다.

016

/

이 세상이 마음에 들지 않아요

뭐하나 속 시원하게 뜻대로 되는 일이 없습니까?

할 수만 있으면 무언가 새로 시작하고 싶습니까?

다시 시작한다 해도 뾰족한 수가 보이지 않습니까?

사면초가 상황에서 곤혹스러워하고 계시는군요.

죽음으로 정리하면 깨끗이 해결될 것 같다고 생각하시나요?

죽고 싶을 정도로 당신의 인생이 괴로운 이유를 아십니까?

그것은 바로 당신의 죄 때문입니다.

아무리 잘 포장해도 결국 당신은 자신의 만족을 위한,

자아 숭배자로서의 삶을 살았을 뿐입니다.

세상은 그런 당신을 늘 응원했을 것입니다.

하지만 속지 마십시오.

모두 자아 만족을 위해 살다 영원히 멸망할 뿐입니다.

당신만을 위해 몸부림치던 삶을 이제 끝내시기 바랍니다.

그러려면 당신의 옛 자아가 죽어야 합니다.

굳은 결심과 노력만으로는 아무 소용이 없습니다.

죽고 다시 태어나야 합니다.

그래서 예수님이 십자가에서 당신과 함께 죽으신 것입니다.

다시 살아나신 그분은 새 생명으로 당신 안에 거하기를 원하십니다.

그 예수님이 애타게 당신의 마음 문을 두드리고 계십니다.

당신이 문을 열고 그분을 모셔 들이기만 하면,

그분은 당신과 함께 먹고 마시며 당신 안에 살겠다고 하십니다.

대체 그분은 무엇 때문에 당신을 위해 죽고

당신 안에 들어오시려는 것일까요?

당신을 사랑하시기 때문입니다.

자아 만족을 위해 정신없이 살다 고통받고 지옥으로 가는

당신을 그냥 지켜보실 수 없기 때문입니다.

그분은 왜 그토록 당신을 사랑하실까요?

당신이 그분의 형상을 따라 만들어진,

그분의 분신과도 같은 존재이기 때문입니다.

당신은 이제 새로 태어날 수 있습니다.

예수님이 당신의 새 생명이 되시면 얼마든지 가능합니다.

새로운 피조물이 되면 고통과 절망을 더는 겪지 않게 됩니다.

당신 안에 계신 예수님이 당신의 삶을 사시는 것을 가만히 보십시오.

당신의 삶을 승리로 이끄시는 놀라운 감격을 누리게 되실 겁니다.

017

/

인생이 너무 허무한 것 같아요

갑작스러운 사고나 치명적인 병으로 인생이 무너져버린

사람들의 소식을 들으면 어떤 생각이 드시나요?

'내게 그런 불행이 닥치지 않아서 다행이다.'

'언제 그런 일이 있을지 모르니 대비해야지.'

허무감과 불안감은 생각하고 싶지 않은 주제일 수 있습니다.

우리 인생은 5분 뒤의 일도 알 수 없습니다.

그 사실을 생각하면 불안해서 아무것도 할 수 없겠지요.

사람들은 불안감을 떨쳐버리려고 천년 만년 살 것처럼 열심히

살아갑니다.

물론 전전긍긍하는 삶도 바른 답은 아닙니다.

그렇다고 천년 만년 살 것처럼 사는 것도 답이 아닙니다.

왜냐하면 우리는 5분 뒤에 죽을 수는 있어도,

그토록 오래 살 수는 없기 때문입니다.

상갓집에 조문을 가면 누구나 인생의 허무함을 절감합니다.

그러나 자기 죽음을 염두에 두고 인생이 허무하게 끝나지 않도록

노력하는 일에는 별다른 관심이 없습니다.

당신은 왜 그토록 열심히 일하고 애쓰고 있습니까?

성공을 위해 노력했는데 막상 죽음 앞에 서 있다고 생각해보십시오.

허무하지 않겠습니까?

애쓰고 모아 성공한 만큼 더 많이 두고 가므로 더 허무합니다.

어떻게 해야 죽음 앞에서도 허무하지 않을 수 있을까요?

죽을 때 가져갈 것이 있는 인생이 되어야 합니다.

죽을 때 가져갈 수 있는 것이 이 세상에 존재할까요?

네, 존재합니다.

죽음이란 사람의 영혼이 육체에서 나와

하나님의 심판대 앞으로 불려가는 것입니다.

그때 육체에 속한 그 무엇도 가져갈 수 없지만,

단 하나만은 가져갈 수 있습니다.

그것은 바로 하나님을 향한 당신의 '믿음'입니다.

당신에게는 하나님 앞에 보여 드릴 믿음이 있습니까?

예수님과 함께 이 땅에서 살았던 아름다운 이야기 말입니다.

그 믿음의 삶을 살았던 사람들에게 죽음은

허무한 것이 아니라 하나님을 만날 기쁨입니다.

예수 믿기를 내일로 미루면,

당신의 허무한 인생을 하루 더 연장하게 될 뿐입니다.

지금 당장 하나님 앞으로 나아오시기 바랍니다.

그리고 당신의 모든 허무와 불안에 영원한 안녕을 고하십시오.

4장

하나님은
어떤
분인가?

018
/
하나님은 없어요

세상에서는 "하나님은 없다"가 진리처럼 통용되고 있습니다.
"하나님이 어디 있어? 하나님은 없어.
이것이 과학적이고 상식적인 생각이야."
그렇지 않습니다.
하나님이 계시지 않는다는 말은 가장 큰 거짓말입니다.
하나님은 살아 계십니다.
왜 세상은 하나님이 살아 계시지 않는다고 말할까요?
하나님을 만나지 못했기 때문입니다.
그렇다면 세상 사람들은 왜 하나님을 만나지 못할까요?
하나님은 영靈이십니다.
사람은 육신과 영으로 되어 있습니다.
그런 사람이 하나님을 떠나 죄를 지었습니다.
영이 죽었기 때문에 거룩하신 하나님을 경험할 수 없습니다.
"하나님을 보여줘, 그럼 내가 믿을게."
이런 말을 하다가 하나님을 만난 사람이 있습니다.

바로 저입니다. 저도 하나님을 먼저 만난 사람에게서
하나님에 대해 전해 들었습니다.

하나님은 우주만물의 창조주이십니다.

그분은 죄 때문에 지옥 가게 된 저를 사랑하셨습니다.

그리하여 독생자 예수님을 저 대신 죽게 하셨습니다.

이 사랑을 믿음으로, 십자가에서 죽고 다시 사신 예수님이
저의 생명이 되셨습니다.

이제 저는 그 생명으로 살고 있습니다.

예수님은 제게 영생을 주셨습니다. 천국을 주셨습니다.

사람들이 아메리카 대륙에 가보고 나서야
"아메리카가 있구나"라고 했겠습니까?

아닙니다. 거기에 직접 가본 콜럼버스의 말을 믿고
아메리카의 존재 여부를 알게 되었습니다.

직접 경험한 사람이 있으면, 내가 경험하지 않았어도
그 말을 믿을 수 있습니다.

저는 하나님을 만났습니다.

그 하나님을 당신에게 소개합니다.

하나님은 살아 계십니다.

그분의 독생자 예수 그리스도를 믿으세요.

그러면 영생을 얻고 예수님을 주인으로 모시는
아름답고 새로운 삶이 시작됩니다.

019
/
아버지 하나님?
나는 그런 분 몰라요

자식을 잃어버린 부모의 심정을 상상할 수 있나요?
하나님께서 그 마음으로 당신을 애타게 찾고 계십니다.
예수님을 통해 구원받는다는 것은
하나님 사랑 안에 들어간다는 뜻입니다.
한 귀족의 마차 뒤를 굶주린 늑대들이 무섭게 쫓고 있었습니다.
마부는 마차를 끄는 네 마리의 말 중에 두 마리를 풀어
늑대의 먹이로 주고 늑대를 따돌리려 했습니다.
그러나 다시 늑대들이 추격해 왔습니다.
결국 마부는 주인에게 말고삐를 맡기고는
총을 쥐고 마차에서 뛰어내렸습니다.
귀족은 사력을 다해 마차를 몰아 마을에 도착한 뒤,
구조대와 함께 왔던 길을 다시 갔습니다.
그러나 그들이 찾아낸 것은 마부의 시체뿐이었습니다.
마부는 사랑하는 주인을 살리기 위해 죽음을 선택했습니다.
주인을 향한 마부의 사랑이 정말 감동적이지 않습니까?

그런데 만약 말고삐를 잡고 끝까지 달린 사람이 마부였고,
주인이 하인을 살리기 위해서
늑대의 먹이가 되기로 자처했다면 어땠을까요?
그 사랑이야말로 신분을 뛰어넘는 위대한 사랑이 아니겠습니까?
예수님의 사랑이 그러했습니다.
하나님을 마음에 두기 싫어하며 이기적으로 살았던 죄인인
인간을 살리려고 예수님이 대신 죽음을 자처하셨습니다.
"내가 대신 죽을 테니 너만은 꼭 살기 바란다."
바로 그분이 우리를 애타게 찾고 계십니다.
그분은 이미 우리 대신 죽으시고 구원을 완성해 놓으셨습니다.
우리가 할 일은 그 사랑을 믿는 것뿐입니다.
인간이 지옥에 가는 이유가 무엇인지 아십니까?
독생자 예수를 대신 죽이면서까지 우리를 살리신
하나님의 사랑을 거부하기 때문입니다.
애타게 찾고 있는 부모의 음성을 듣고도 꼭꼭 숨어버리는
자녀를 어떻게 다시금 자녀로 회복시킬 수 있겠습니까?
당신은 하나님의 음성을 못 들었다고 변명할 수 없습니다.
지금도 그분은 당신을 애타게 찾고 계시기 때문입니다.
지금 바로 그 하나님을 마음으로 받아들이세요.

020

/

사랑의 하나님이 왜 지옥을 만들어
사람들을 거기 가게 하죠?

누군가는 이렇게 말할지도 모르겠습니다.

"그토록 사랑한다면, 죄를 지었더라도 좀 용서해주셔야죠.

세상 살기도 힘든데, 죽어서까지 힘들어서야 되겠습니까?

아예 모두 천국 가게 해주시면 얼마나 좋아요."

자, 이렇게 가정해봅시다.

어느 날 당신이 가장 사랑하는 사람이 길거리에서 강도에게

돈을 뺏기고 심하게 구타당하여 길모퉁이에 버려져

결국 죽고 말았습니다.

가해자는 경찰에게 잡혀 재판을 받게 되었는데,

정 많은 재판장이 그를 무죄로 놓아주고 말았습니다.

당신의 마음이 어떻겠습니까?

아마도 그 재판장을 죽이고 싶을 것입니다.

당신이 그 재판장에게 분노하는 이유는 무엇입니까?

공의를 실현해야 할 재판장이 정에 이끌렸으므로

재판할 자격이 없기 때문입니다.

하나님이 이 재판장처럼 우리 죄를 다스리신다면 어떻게 될까요?

하나님은 공의로우신 분입니다.

그래서 공의로 우리 죄를 심판하십니다.

그분이 우리의 모든 죄를 그렇게 다스리신다면,

누구도 예외 없이 지옥에 가게 될 것입니다.

하지만 하나님은 우리를 몹시 사랑하셔서,

우리가 지옥에 가는 것을 매우 불쌍히 여기십니다.

따라서 공의를 지키면서도 우리 죄를 심판할 방법을 찾으셨습니다.

바로 죄가 전혀 없으신 예수님이 당신 대신 죽는 것입니다.

예수님은 당신 죄의 대가를 죽음으로 대신 치르셨습니다.

당신이 지옥에 가지 않을 방도를 주셨습니다.

하나님의 심판은 공의를 이루는 동시에

그분의 사랑을 증명하는 재판입니다.

이제 하나님은 지옥에 갈 수밖에 없는 당신에게 말씀하십니다.

"내 아들이 너 대신 죽었으니 돌이켜 나에게로 오라."

이미 공의와 사랑의 재판을 다 이루시고 당신을 기다리고 계십니다.

당신을 위해 아들을 내어주신 하나님을,

사랑이 없는 분이라고 하겠습니까?

이제 당신이 하나님의 사랑에 반응할 때입니다.

예수를 믿으세요.

021

/

예수님 알아요!
4대 성인 중 한 명이잖아요

세상에는 훌륭한 사람이 꽤 있습니다.

수많은 정치가, 종교인, 학자, 예술가 등 인류 역사에 길이 남을

위대한 업적을 남겼다고 칭송받는 사람들 말입니다.

그러나 예수님은 그들 중 한 사람이 아닙니다.

위대한 인물들은 대개 타인을 위해 희생한 사람입니다.

우리가 모두 훌륭하게 살지는 못해도

훌륭한 사람들의 가르침을 따라 국가에 대한 충성을 맹세하고,

부모에게 효성을 다해야 한다고 교육받고,

불쌍한 이웃을 도와야 한다고 생각합니다.

하지만 이런 점에서도 예수님은 훌륭한 사람들과 같은 목록에

넣을 수 없습니다.

예수님이 희생하고 목숨 바쳐 사랑한 대상은,

국가도 아니고 부모도 아니고 불쌍한 이웃도 아니었습니다.

대체 예수님은 누구를 위해 목숨을 바치셨단 말입니까?

지옥에 갈 수밖에 없는 죄인들을 위해서였습니다.

죄인들 대신 하나님의 저주와 진노를 받고
아버지께 버림받는 길을 택하셨습니다.
죄가 없는데도 마치 자신이 그 모든 죄를 지은 것처럼 말입니다.
어느 누구도 그분께 대신 죽어달라고 부탁한 적이 없습니다.
사람들은 정작 그분을 조롱하고 미워하고 몰라주었습니다.
그분은 오직 우리를 향한 사랑 때문에 그 길을 가셨습니다.
인류 역사상 이런 사랑을 실천한 사람은 어디에도 없습니다.
이는 인간은 할 수 없는, 하나님 수준의 사랑입니다.
예수의 사랑만이 당신에게 가장 기쁜 소식이 될 수 있습니다.
당신은 죄인입니다. 그냥 이대로 시간이 흘러 죽는다면,
당신은 심판받아 지옥에 갈 수밖에 없습니다.
거룩하지 않은 당신은 절대 자신의 죄를 변호할 수 없습니다.
거룩하신 하나님 앞에서 자신이 지옥에 가지 않을 수 있는
합당한 이유를 댈 수 있는 사람이 어디 있겠습니까?
예수님만이 당신의 죗값을 죽음으로 이미 갚았기에
당신을 변호하실 수 있습니다. 그 예수님을 마음에 영접하십시오.
목숨 걸고 당신을 사랑하신 예수님이 이제 당신과 함께하며
당신을 천국으로 인도하실 것입니다.

022

/

하나님은 사랑 그 자체이십니다

하나님은 사랑 그 자체이시므로 당신을 사랑하십니다.

이 사실을 믿는다면, 당신의 인생은 전적으로 변화될 것입니다.

인생이 완전히 달라진다는 말이 믿기지 않습니까?

만약 세계 최고 부자인 빌 게이츠가 당신을 사랑한다고 생각해봅

시다. 당신은 먹고 입고 살 것을 걱정하지 않을 것입니다.

당신을 향한 사람들의 시선과 평판도 완전히 달라질 것입니다.

물론 빌 게이츠가 당신을 사랑한다는 가정 하에서 말입니다.

하지만 당신을 향한 하나님의 사랑에 대해서만큼은

자신 있게 말할 수 있습니다. 가정할 필요조차 없습니다.

하나님은 분명히 당신을 사랑하십니다. 그 증거도 있습니다.

바로 하나님의 아들 예수 그리스도입니다.

그분은 죄로 인해 지옥에 갈 수밖에 없는 우리를 구원하시려고,

하나님이 이 땅에 보내신 하나님의 독생자입니다.

실제로 예수님은 인간의 몸을 입고 이 땅에 오셨고,

죄가 없으신 그분이 죄 자체인 인간들의 손에

십자가형을 받아 죽음으로 값을 치르셨습니다.

이는 유대 땅 한 지역에서 우연히 일어난 한 사건이 아닙니다.

이미 그분의 탄생과 삶의 모든 이유와 과정이 수천 년 전부터

예언되어 왔으며 그 예언이 그대로 성취되고 완성되었습니다.

이 예언은 죽음을 감당할 만큼 처절한 사랑의 편지입니다.

이 사랑은 누구를 위한 것입니까?

죄 없으신 예수님이 고통 속에 죽으셔야 했던 이유는 무엇입니까?

바로 당신입니다.

죄에 합당한 대가를 치르지 않는다면

당신의 지옥행을 막을 길이 없으므로

하나님이 독생자의 목숨을 당신과 맞바꾸신 것입니다.

하나님이 당신을 사랑하시는 증거로

이보다 더 확실한 것이 있습니까?

당신을 향한 하나님의 이 사랑을 깨닫고 믿으십시오.

그러면 당신의 인생이 완전히 새롭게 바뀔 것입니다.

천국의 삶을 살게 될 것입니다.

하나님의 사랑의 품으로 들어와야만

그 사랑을 깨달을 수 있습니다.

하나님의 품 안으로 달려오세요.

023
/
다른 종교 믿어도
떵떵거리며 잘만 살던데요

떵떵거리며 살고 싶습니까?

당신을 성공하게 해주는 종교를 찾고 있습니까?

인간의 모든 필요를 확실하게 해결해주는 종교가 있다면,

사람들은 그쪽으로 몰릴 것입니다.

당신이 원하는 종교는 당신의 필요를 채워주는 종교입니다.

당신이 물질적, 정신적으로 어떤 것을 추구하든

결국 그 종교는 당신의 필요를 채우려고 당신이 선택한 것입니다.

따라서 당신의 숭배 대상은 그 무엇도 아닌 당신입니다.

지금까지 당신은 철저히 당신을 위해 살아왔습니다.

시간도, 물질도, 인간관계도, 심지어 선행조차도 말입니다.

모든 만족의 대상은 오직 당신 자신이었을 것입니다.

예수님을 믿는다는 것은 인간의 필요를 채우는 것과는

전혀 상관이 없습니다.

기독교는 필요한 것을 하나님께 얻어내기 위한 종교가 아닙니다.

기독교에서 신앙의 대상은 인간이 아니라 하나님이기 때문입니다.

얻어낼 것도 없는데 왜 하나님을 믿어야 하느냐고요?

우리를 만드신 그분의 의도와 목적 때문입니다.

하나님은 찬양받기 위해 인간을 창조하셨습니다.

듣고 보니 하나님이 이기적이신 분 같습니까?

"쳇, 만들어 놓고 자기를 찬양하라고 하다니."

당신 주위의 물건들을 보십시오.

모든 물건에는 각각 설계자의 의도가 있습니다.

설계자의 의도대로 잘 쓰이는 물건이야말로

그 존재 목적에 가장 합당한 물건입니다.

당신도 마찬가지입니다. 당신이 하나님을 찬양할 때

비로소 존재 목적에 가장 합당한 사람이 되며,

그때 가장 행복하게 됩니다.

많이 가지고 성공해도 우리는 온전하게 만족하지 못합니다.

하나님을 믿지 않고 자기 자신을 숭배하기 때문입니다.

제가 언제 가장 완전한 행복과 기쁨을 누리는지 아십니까?

바로 나를 만드신 하나님을 알고

그분을 높이고 찬양할 때입니다.

그 순간이 바로 창조 목적이 성취되는 순간입니다.

아직도 '하나님이 이기적이다' 운운하시겠습니까?

당신이 자아를 숭배하는 한, 점점 더 불행해질 뿐입니다.

당신이 행복하기 위한 조건은 당신을 창조하시고

당신에게 존재 목적을 부여하신 하나님만이 아십니다.

024

/

하나님이 계신데
왜 세상에 악이 존재하죠?

당신 말대로 세상은 정말 무척이나 악합니다.

살인과 테러, 전쟁과 각종 범죄 등을 볼 때마다

당신은 다시 한 번 울분에 차서 항변하고 싶을 겁니다.

"하나님이 있다면 나쁜 놈들을 확 쓸어버려야 하는 거 아니냐?"

맞습니다. 하나님은 '심판하시는 하나님'입니다.

당연히 그들을 심판으로 정리하셔야 합니다.

다만 한 가지 문제가 있습니다.

하나님의 심판을 통과할 인간은 아무도 없다는 사실입니다.

정의감으로 격분하는 당신마저도 심판받아야 합니다.

하나님의 심판을 통과할 자신이 있으십니까?

심판하는 하나님은 흠 없으시고 완전하신 '거룩' 그 자체이십니다.

기준이 하나님이신데, 심판을 통과할 수 있겠습니까?

"나는 그래도 흉악한 죄인들과는 다르다."

이것은 누구의 판단인가요?

당신 말대로 누구는 더 악하고, 누구는 더 선할까요?

하나님 앞에서는 모든 인간이 죄인입니다.

인간에게는 누구나 죄성이 있습니다.

상황과 조건이 주어진다면, 당신도 충분히

당신이 비난하는 이들과 똑같은 사람이 될 수 있습니다.

보십시오, 인류의 죄악을!

요즘 들어 인간이 특별히 더 악해졌습니까?

그렇지 않습니다.

미디어의 발달로 인간의 악함이 더 많이 알려지고 있을 뿐입니다.

동서고금을 막론하고 죄악에 있어서

특별히 더 악한 민족이나 나라는 없습니다.

모두 똑같이 흉악합니다. 다 태생적으로 죄인입니다.

그 죄악들을 포장한 기술과 노력이 있었을 뿐입니다.

아직도 하나님이 나쁜 놈들을 쓸어버리시길 원합니까?

기다리십시오. 조금만 기다리면 당연히 심판하실 것입니다.

그러나 지금은 당신이 예수님을 믿고 지옥 심판에서 구원받기를

기다리시느라, 흉악한 인류 죄악들을 참고 계십니다.

심판하지 않으시는 하나님을 비난하지 마십시오.

당신 때문에 참고 계십니다.

025
/
누가 이 사랑을 아시나요?

극진하게 개를 돌보는 어떤 사람이 있었습니다.

어느 날, 이 개가 옆집 아이를 심하게 물었습니다.

아이는 시름시름 앓다가 결국 죽고 말았습니다.

죽은 아이의 부모는 아이를 문 개를 살려둘 수 없다고 말했고,

개 주인은 아무 말도 할 수 없었습니다.

자신의 개가 그 어떤 것으로도 보상할 수 없을 만큼

큰 잘못을 저질렀음을 알았기 때문입니다.

드디어 총부리가 개를 향해 겨누어졌습니다.

이윽고 방아쇠가 당겨졌고 "탕!" 하고 총성이 울렸습니다.

그러나 피를 흘리며 땅바닥에 쓰러진 것은 개가 아니었습니다.

개를 자신의 목숨보다 더 사랑한 개 주인이었습니다.

이 이야기를 듣고 어떤 생각이 드십니까?

개 주인이 바보 같습니까?

"아무리 개를 사랑해도 그렇지 사람이 개 대신 죽을 것까지야?"

"얼마나 개를 사랑했으면 개 대신 죽기까지 한단 말이야?"

개를 위해 죽은 인간을 정상적으로 보는 사람은 없을 것입니다.

이처럼 우리의 상상을 초월하는 사랑이 실제로 존재합니다.

우주 만물의 주인이신 하나님의 사랑이 바로 그렇습니다.

인간은 그분을 저버리고 스스로 죄의 길로 갔습니다.

그러나 하나님은 인간을 너무나 사랑하셔서,

독생자 예수를 대신 죽이시고 지옥 가는 인간을 살리셨습니다.

자기 죄로 지옥에 갈 수밖에 없는 죄인을 위해서 말입니다.

이는 인간의 이성으로 이해할 수 있는 사랑이 아닙니다.

이 사랑은 처음부터 하나님 편에서 시작하신 사랑입니다.

하나님은 그 사랑을 완성하시고,

당신에게 이만큼 사랑한다고 고백하고 계십니다.

예수님을 믿는다는 것은,

하나님의 이 사랑을 받아들이는 것입니다.

하나님은 당신도 하나님을 사랑할 것을 요구하십니다.

왜냐하면 그것이 사랑의 속성이기 때문입니다.

정말 사랑한다면 사랑을 요구하게 되어 있습니다.

"나는 당신을 사랑하지만 나는 당신 사랑이 필요 없어요."

이런 사랑은 없습니다. 하나님께 사랑으로 반응하십시오.

하나님의 사랑을 짝사랑으로 만들지 마십시오.

그러기에 그 사랑이 너무나 큽니다.

예수님의 생명으로 값을 치르고 완성한 사랑,

사랑의 하나님께 나와서 그 사랑의 선물을 받아 누리세요.

026

/

하나님은 왜 인간이 고통과 불행을 겪도록 내버려두시는 거죠?

오늘 한 젊은이의 죽음을 알리는 부고를 받았습니다.

따뜻하고 배려 깊은 성품을 가졌던 그의 죽음은

주변 사람의 마음을 애통하게 했습니다.

"선하시다는 하나님이 하필 아직 자녀가 어리고 할 일도 많은

그 사람을 데려가시는 이유는 무엇인가요?"

이유를 알 수 없는 불행 앞에서 우리는 하나님께 질문합니다.

그러고는 하나님의 대답을 참을성 있게 기다리지 못하고,

곧바로 하나님께 그 책임을 묻습니다.

"하나님! 당신은 악의 방관자입니다. 그래서 당신이 싫습니다.

이 땅은 지금 당신의 영향권을 벗어나 돌아가고 있습니다.

더는 증명되지 않는 하나님의 사랑 같은 것은 말하지도 마세요."

정말 인간이 겪는 불행이 하나님의 사랑과 무관할까요?

고통은 하나님이 그 사람을 버리신 증거일 뿐이라고 생각합니까?

인간이 고통받도록 방관하시는 하나님이라고 생각합니까?

그렇지 않습니다.

하나님은 사랑하는 가족을 잃는 고통을 누구보다 잘 아십니다.

사랑하는 독생자 예수님을 잃으신 분이기 때문입니다.

예수님은 '선善' 그 자체이신 분이지만 고통을 당하셨습니다.

고통받아야 할 악의 이유가 그분 안에 있을까요?

전혀 없습니다. 그렇다면 신이신 하나님이 아들을 잃는 고통을

자청하신 이유가 무엇이란 말입니까?

바로 사랑 때문입니다.

독생자를 죽음에 내주면서까지 사랑한 대상은 바로 당신입니다.

그러나 당신은 하나님을 마음에 두기 싫어합니다.

자신의 운명을 책임질 수 없는 존재이면서도

당신은 스스로 통치권을 주장하며 살고 있습니다.

이는 하나님을 가장 슬프게 하는 반역입니다.

하나님의 사랑의 대상인 당신은 계속 지옥으로 걸어가고 있습니다.

그래서 하나님은 당신을 살리려고 아들을 내놓으셨습니다.

반역한 우리의 죗값을 아들의 죽음으로 치르셨습니다.

하늘을 향한 오해의 삿대질을 오늘도 참으시면서,

당신과 똑같이 고통하시면서 기다리고 계십니다.

고통과 불행을 통해서라도 우리가 그분께로 돌아올 수만 있다면

얼마든 그 고통을 함께 인내하겠다고 하십니다.

따라서 고통은 오히려 당신에게 가장 큰 선물이 될 수 있습니다.

고통의 끝에 하나님과 함께 누릴 영원한 천국이 있기 때문입니다.

027
/
성경에는
도저히 믿지 못할 이야기가 많아요

성경을 읽어보셨군요?

물이 포도주로 변하고 사람이 물 위를 걷는 등

성경에는 우리 상식으로 이해할 수 없는

초자연적인 사건이 많이 등장합니다.

당신은 자신이 이해할 수 있는 것만 믿으신다고요?

그렇다면 당신의 동의나 이해 없이 이미 당신 눈앞에

존재하는 모든 것은 어떻게 설명하실 건가요?

사람의 존재, 사람의 마음에 대해 어떻게 설명하실 건가요?

이름도 알 수 없는 풀과 이 땅의 모든 생물은요?

크기를 짐작할 수 없는 넓은 우주는요?

이런 것들이 어떻게 만들어졌는지, 또 어떻게 이루어졌는지

당신은 이해하고 설명할 수 있습니까?

진화론이 있다고요?

그것은 하나님이 이 세상을 창조하셨다는 진리를 받아들이기

싫어서 모든 것이 '저절로' 되었다고 주장하는 이론입니다.

그렇다면 성경을 기록한 이들이 당신처럼

성경의 가르침에 마음을 열어보려다가

이해할 수 없는 기적들 때문에 마음을 닫아버리는

사람들이 있을 것을 짐작하지 못했을까요? 아닙니다.

성경은 세상에 윤리 도덕책이 모자라서 생긴 책이 아닙니다.

성경은 당신이 하나님을 떠난 죄인이라는 것,

그래서 반드시 죽게 되고 그 후에는 심판받아 지옥에 간다는 것,

그러나 하나님의 아들 예수님이

당신에게 내려질 하나님의 진노를 대신 받고자

십자가를 지고 죽으셨다가 다시 살아나셨다는 것,

그 예수를 믿는 것만으로 당신은 예수의 새 생명으로 거듭나

천국에 가게 된다는 기쁜 소식을 전하기 위한 책입니다.

성경에 적힌 기적들은 당신을 영원한 지옥에서

영원한 천국으로 옮기시는 하나님의 능력을

맛보기로 조금 보여주는, 하나님의 배려입니다.

이해할 수 없다고 당신이 새 생명을 얻을 기회를 놓치지 마십시오.

당신에게는 자신을 구원할 능력이 없습니다.

당신의 이성으로는 전혀 이해할 수 없는 하나님만이

당신을 구원할 능력을 갖고 계십니다.

5장

예수 믿지 않는 것이 왜 죄인가?

028
/
사람들은 죄가 얼마나 무서운지 모릅니다

모든 사람은 죄를 짓고 삽니다.

그래서 죄를 자연스러운 것처럼 생각합니다.

죄 때문에 하나님과 관계가 끊어졌다고는 생각하지 못합니다.

뉴스나 청문회에서 유명 연예인이나 정치인들의 사건을 접하면,

우리는 "나쁜 놈이네"라고 손가락질합니다.

그러나 사실 당신도 그들과 다르지 않습니다.

우리 모두 똑같은 죄인입니다.

단지 우리는 그들처럼 유명하지 않아서

우리 죄가 세상에 드러나지 않고,

사람들이 놀라지 않는다는 것이 다를 뿐입니다.

그러나 언젠가는 당신의 죄도 밝히 드러날 것입니다.

당신이 저지른 죄의 실상과 직면해야 할 때가 옵니다.

오히려 살아 있을 때 그 죄가 드러난다면 다행입니다.

인생이 무너지는 듯한 경험을 하겠지만,

잘못을 고치거나 돌이킬 기회가 있으니까요.

그러나 죄가 감추어져 있다가,

죽고 나서야 드러난다면 어떻게 할까요?

살면서 알게 모르게 지은 크고 작은 죄가

쌓여 있다가 한꺼번에 드러난다면요?

음란과 호색, 방탕, 욕심, 시기, 질투, 미움, 거짓말,

비방, 탐심, 배약 등의 모든 죄가

돌이키기에는 너무 많이 쌓여 있다가

한꺼번에 다 드러난다면 어떻겠습니까?

적당히 나를 포장하다가 좋은 평판 아래

일생을 마칠 수 있다면 다행일까요?

아닙니다. 죽는다고 끝나는 건 아닙니다.

당신도 본능적으로 죽는다고 끝이 아님을 알고 있을 것입니다.

우리에게는 죽음 이후의 삶이 있습니다.

천국과 지옥이 있습니다. 하나님 앞에 설 때가 있습니다.

죽음의 문을 통과하는 순간, 우리는 하나님 앞에 서게 됩니다.

그 하나님 앞에서 당신의 죄가 드러날 것입니다.

그 어떤 죄도 해결하지 못한 채 하나님 앞에 서게 되면,

당신은 두려움으로 떨게 될 것입니다.

정말 지옥은 가지 말아야 합니다.

"천국과 지옥이 정말 있습니까? 당신이 두 눈으로 봤습니까?"

이렇게 따질지도 모릅니다.

하나님은 우리가 천국과 지옥에 대해 미리 알기를 바라십니다.

지옥에 가지 않을 준비는 살아 있을 때만 할 수 있기 때문입니다.
죽은 후에 지옥에서 '아, 정말 지옥이 존재했구나'라고 한들
무슨 소용이 있습니까?
천국은 죄가 전혀 없으신 거룩하신 하나님이 계신 곳입니다.
우리 중 천국에 갈 수 있는 깨끗한 사람은 단 한 명도 없습니다.
그럼에도 우리가 천국에 갈 수 있도록
우리의 많은 죄를 단번에 해결해주실 수 있는 분이 있습니다.
바로 예수 그리스도입니다.
하나님은 독생자 예수 그리스도께 우리 죄를 옮기셔서
우리 대신 죽게 하셨습니다.
그분의 보혈이 우리 죄를 덮어 우리가 깨끗하게 되었습니다.
이 사랑을 믿는 이에게는 영생, 천국이 허락됩니다.
지금이 바로 천국을 준비할 때입니다.
더 늦기 전에 지금 바로 천국을 준비하십시오.

029

/

내가 무슨 큰 죄를 지었다고
지옥에 간다고 하십니까?

"나만큼만 살아보라고 하세요.

남에게 해 안 끼치고 이제까지 잘 살아 왔다고요."

맞습니다. 당신은 충분히 당신 자신을 변호할 만합니다.

하지만 천국과 지옥 앞에서는 당신 자신을 변호하기 어렵습니다.

지옥과 천국은 인간이 만든 것이 아니기 때문입니다.

따라서 당신이 천국에 갈지, 지옥에 갈지 결정하는 기준 역시

인간 마음대로 정할 수 있는 것이 아닙니다.

기준은 오로지 창조주 하나님에 의해 세워지고 정해집니다.

당신은 그 기준을 확실히 인식하고

미래를 준비할 수 있어야 합니다.

사실 인생을 돌아보면 당신은 사람을 미워한 적이 있습니다.

부모에게 거짓말을 한 적도 있습니다.

남의 것을 탐내기도 했습니다.

욕도 가끔 했고, 누군가와 다투고 싸운 적도 있습니다.

다른 이를 향해 시기와 질투도 조금 한 것 같습니다.

다른 사람을 험담하고 수군거리기도 했습니다.

이웃의 어려움을 모른 척 외면한 적도 있습니다.

자랑하고 싶은 마음을 참지 못해 결국 당신을 자랑했습니다.

돈을 받고도 남의 일을 건성건성하기도 했어요.

당신보다 약하고 없는 사람을 무시하기도 했습니다.

반면에 당신보다 강하고 있어 보이는 사람에게는 아부했습니다.

이성을 성적으로 탐낸 적도 있습니다. 음란물도 보았지요.

때로는 당신을 포장하고 교만하게 행동했습니다.

하나님은 이런 당신이 결코 천국에 갈 수 없다고 말씀하십니다.

"아니, 그 정도 죄를 짓지 않는 사람도 있습니까?"

이런 억울한 생각이 드십니까?

하나님은 충분히 그런 기준을 요구하실 수 있는 분입니다.

그분은 죄가 전혀 없으신, '거룩' 그 자체이시기 때문입니다.

당신의 상황은 절망적입니다.

그러나 하나님은 당신이 지옥에 가도록 내버려두지 않으십니다.

당신이 천국에 갈 길을 열어주셨습니다.

당신을 사랑하기 때문입니다.

하나님은 당신의 모든 죄를 아들 예수님께 전가하셨습니다.

예수님이 매달리신 십자가는 가장 치욕적인 죽음인 동시에

가장 위대한 사랑의 표현입니다.

당신은 당신의 죄를 대신해 돌아가셨다가 살아나신

그 예수님을 주인으로 모셔 들이기만 하면 됩니다.

당신이 지은 죄를 당신 스스로 해결하고

새로운 인간이 되어 나오라는 것이 아닙니다.

죄인인 당신 모습 그대로 나아가면 됩니다.

그러면 예수님을 통해 죄 사함을 받고 천국의 삶이 시작됩니다.

예수님 앞으로 지금 나아오십시오.

030

/

누가 대신 죽어달라고 했나요?

"나 때문에 예수가 대신 죽었다고요?

아니, 누가 죽어 달라고 부탁했나요?"

부모에게 이렇게 대드는 자식이 있다고 생각해봅시다.

"아니, 내가 밥 먹여달라고 부탁했어요?

날 먹이고 공부시키느라 고생인 이유가 뭔데요?

내 부모가 되어 달라고 부탁한 적이 없는데,

부모랍시고 이런저런 간섭하는 거 정말 짜증나요."

부모 아닌 누가 우리를 땀 흘리며 키우겠습니까?

아무리 친절한 옆집 아저씨도, 마음 좋은 엄마 친구도

그 일을 대신할 수 없습니다.

당신의 부모만이 사명감을 갖고 그 일을 감당합니다.

왜 그렇습니까? 당신을 향한 끊을 수 없는 사랑 때문입니다.

하나님도 마찬가지입니다. 하나님은 몹시 당신을 사랑하십니다.

당신을 창조하신 분이기 때문입니다.

당신과 영원히 함께하고 싶어 하는 분이기 때문입니다.

하나님은 지옥을 향해 가고 있는 당신을

그냥 바라만 보고 계실 수 없었습니다.

당신을 천국으로 이끌려면 하나님의 아들 예수님이

당신 대신 죽고 살아날 수밖에 없었습니다.

당신이 그 사실을 믿어 그 아들의 죽음에 연합해야만,

예수님이 당신의 새 생명이 됨으로

당신이 천국에 갈 수 있습니다.

사실 우리는 부모의 사랑을 온전히 이해하지 못합니다.

그런데 어떻게 하나님의 사랑을 머리로 이해할 수 있겠습니까?

아기들은 대부분 부모를 절대적으로 신뢰합니다.

부모에 대한 지식이 전혀 없지만,

부모의 품 안에 있을 때 신뢰를 느낍니다.

하나님 사랑도 그렇습니다. 연구해서 알 수 있는 것이 아닙니다.

하나님의 품 안으로 들어가면,

그 사랑이 얼마나 크고 지극한지 깨닫게 됩니다.

'우리 부모님은 왜 나를 자기 자식이라고 주장할까?'

'나를 향한 부모님의 지나친 관심은 어디에서 생긴 걸까?'

'나를 사랑한다면서 귀찮을 정도로 간섭하는 이유는 무엇일까?'

이런 걸 책상에 앉아 연구한다고 깨달을 수 있겠습니까?

그냥 부모와 함께 생활하면 알 수 있습니다.

그렇게 부모에 대해 알아가면서

부모에 대한 감사와 은혜를 깨닫는 것입니다.

아기와 같이 그냥 하나님 품 안으로 들어오셔야 합니다.

하나님은 연구 대상이 아니라 경험 대상입니다.

당신의 새 생명이 되기 위해 당신의 마음 문을 두드리시는

예수님을 마음에 모셔 들이세요.

하나님을 경험하게 되실 겁니다.

031

/

그래요,
내가 죄인이라 칩시다

"그런데 예수가 십자가에서 죽은 것이
내 죄하고 무슨 상관이 있다는 거죠?"
일단 당신이 죄인이라는 것에, 잠정적이지만 동의하시니
이렇게 묻고 싶습니다.
당신이 지었다고 하는 그 죄는 도대체 누구에게 지은 죄입니까?
친구에게, 부모에게, 사회에, 국가에 대해 지은 죄입니까?
그런데 왜 그 죄를 짓게 되었습니까?
죄의 근본에는 당신 마음대로 하고 싶은 자아의 욕구가 있습니다.
자아의 욕구대로 사는 것은 바로 하나님께 가장 큰 죄가 됩니다.
왜냐하면 하나님은 당신을 지으신 분이며,
당신이 어떻게 살아야 하는지의 매뉴얼을 가지신
유일한 분이기 때문입니다.
그래서 하나님의 뜻이 아닌 자신의 뜻대로 살고 싶은 마음에서
인류 최초의 죄가 비롯되었고, 그 후손인 당신은 그 죄를
생명과 같이 지니고 태어나게 되었습니다.

태어나 자라면서 당신 자아의 욕구는 타인의 욕구와
서로 부닥쳤으며, 당신을 둘러싼 환경과도 부닥쳤을 것입니다.
그래서 당신은 불행하다고 느꼈을 것입니다.
인간의 불행은 바로 죄의 결과입니다.
자아의 욕구는 하나님의 창조 매뉴얼을 벗어난 상태입니다.
당신 죄는 누구로부터 용서받아야 합니까?
바로 하나님으로부터 용서받아야 합니다.
죄는 착한 일을 한다고 없어지는 게 아닙니다.
죄를 지은 대상에게 용서받아야만 없어집니다.
당신의 죄는 죄의 형벌인 죽음으로만 용서받을 수 있습니다.
그래서 사랑의 하나님이 당신을 구하기 위해 택하신 방법은
아들 예수가 당신의 죗값을 대신하여 죽는 것이었습니다.
왜 예수님의 죽음만이 당신의 죄를 씻어줄 수 있습니까?
그분만이 죄가 없으신 분이기 때문입니다.
죄가 없기 때문에 당신 죄를 대신 짊어질 수 있기 때문입니다.
당신 대신 죽었다가 다시 살아나신 그분만이
당신의 새 생명이 될 수 있습니다.
예수님을 믿어 용서받는다는 것은 새 사람이 된다는 뜻입니다.
예수님이 당신 마음속으로 들어가셔서
주인이 바뀌는 새 삶을 살게 된다면,
당신은 이제 죄의 종노릇을 하지 않게 됩니다.
자아를 내려놓고 새 주인을 따라 산다는 것이 두렵습니까?

걱정하지 마십시오. 당신은 이제까지 마음대로 살았습니다.

그 삶이 늘 만족스러웠습니까? 그렇지 않았습니다.

그러나 예수님이 진정한 주인 되시는 삶에는 늘 만족뿐입니다.

그분을 통해 새로운 인생을 살게 된 당신은

그분이 창조한 모든 세계를 아름답게 하고

그분 뜻대로 운영하는 일에 사용될 것입니다.

032

/

아담이 지은 죄 때문에 내가 죄인이 되고 죄를 짓는다니 억울해요

죄를 가르치지 않아도 죄를 짓게 되는 것이 인간입니다.

나쁜 짓하지 말라고 가르치고 또 가르쳐도

악의 길로 달려가는 것이 인간입니다.

인간의 삶이 여기까지라면 정말 억울할 것입니다.

하나님의 심판만 있고 그 심판을 면할 길이 없다면 말입니다.

그러나 하나님은 우리를 위해 선물을 준비해 두셨습니다.

그 선물을 받는 사람은 심판을 피할 수 있습니다.

그래서 우리는 억울하다고 불평할 수 없습니다.

아담 한 사람의 생명 안에 죄가 들어와 아담의 후손은

모두 죄인이 되었습니다. 즉, 모든 인간은 죄인이 되었습니다.

그러나 예수님 한 분 덕에 우리는 다시 살아나게 되었습니다.

그분이 십자가에서 인류의 죄를 담당하여 죽으심으로,

그분의 생명을 얻게 된 사람은 누구나 심판을 면하게 되었습니다.

흉악한 죄인이든, 무수한 죄를 지은 사람이든 상관이 없습니다.

예수님을 마음에 모시는 사람은 누구든 구원을 얻게 되었습니다.

"내 의지와 상관없이 아담이 죄를 지어서 내가 죄인이 되었다면
서요? 그렇다면 예수라는 분이 그 죄를 감당하여 죽은 것도
내 의지와 상관없는 일이었으니 모든 죄를 저절로 없애주면
되는 것 아닌가요? 굳이 그분을 믿을 이유가 어디에 있나요?"
이렇게 물으실지 모르겠습니다.

그러나 그런 식으로는 구원을 줄 수 없습니다.

자신이 죄인인 줄 몰라 회개하지 않는 사람은
죄를 용서받지 못하고, 그로 인해 거룩하신 하나님을 뵙기가
불가능하기 때문입니다.

대통령을 만나게 된다면 당신은 지금 모습 그대로 대통령 앞에
서겠습니까? 아마 몸가짐을 단정히 할 것입니다.

그런데 어떻게 하나님을 지금 모습 그대로 만날 수 있겠습니까?
하나님은 외모가 아닌 마음의 중심을 보시는 분입니다.

죄를 너무나 싫어하시는 분입니다.

우리는 각자 자신이 죽을 수밖에 없는 죄인임을 깨달아
자신에게 사형 선고를 내리고, 예수님의 새 생명으로 거듭나야
합니다. 그래야만 거룩하신 하나님을 뵐 수 있습니다.

하나님을 뵙기 원하십니까?

영원한 천국을 지금부터 누리기 원하십니까?

그렇다면 당신의 죄를 용서하실 예수님께 회개하십시오.

예수님은 당신의 죄 때문에 십자가를 지셨습니다.

그 예수님을 당신의 주인으로 모시고 새 생명 가운데 사십시오.

033

/

왜 당신이
죄를 짓게 되었을까요?

당신은 왜 죄를 지었을까요?

당신이 죄짓게 된 이유가 당신의 환경 때문이라고 생각하십니까?

그렇지 않습니다. 똑같은 환경 속에서도

어떤 이는 죄를 짓고, 어떤 이는 죄를 짓지 않습니다.

죄를 짓지 않던 사람이 다른 곳에 가서 죄를 짓기도 합니다.

즉 인간은 모두 죄인이며, 배우거나 연습하지 않아도

자연스럽게 죄를 짓게 됩니다.

죄는 습득해서 짓는 게 아니라 자연스럽게 표출하는 것입니다.

좀 더 많이 표출하고 덜 표출하는 차이가 있을 뿐

모든 인간은 죄를 짓습니다.

왜 그럴까요? 인간 DNA에 죄가 들어 있기 때문입니다.

그래서 인간의 DNA가 바뀌지 않는 한,

죄를 짓지 않기란 불가능합니다.

그러면 어떻게 해야 그 죄성 DNA가 바뀔 수 있을까요?

그 DNA를 가진 옛사람이 완전히 죽고,

새로운 DNA의 생명으로 태어나야 합니다.

그러나 인간 스스로는 옛사람을 죽이고

새로운 생명으로 태어나기가 불가능합니다.

그래서 하나님께서는 독생자 예수 그리스도를

인간의 모든 죄성 DNA가 죽는 자리에 내주셨습니다.

그 예수를 믿어야 합니다. 그분이 십자가에 못 박히실 때

함께 자신의 옛사람이 죽었음을 믿어야 합니다.

그래야만 다시 사신 예수님이 당신의 생명이 될 수 있습니다.

예수 DNA를 소유하는 사람만이 새로운 생명을 얻게 됩니다.

지은 죄가 너무 커서, 구원받고 천국 가는 것이

스스로 생각해도 몰염치하다고 생각합니까?

그렇지 않습니다. 당신의 죗값은

이미 하나님의 아들 예수님이 십자가에서 모두 치르셨습니다.

이 사실을 믿지 못한다면,

여전히 당신에게는 예수 십자가의 사건이 무가치할 뿐입니다.

예수님을 모르고 살아왔을지라도,

심지어 하나님을 욕했을지라도 괜찮습니다.

먼저 당신을 택하여 사랑하신 하나님께로 돌이키면 됩니다.

하나님은 당신을 영원한 지옥 형벌에서 구원하실 모든 준비를

마치셨습니다. 바로 예수 그리스도를 통해 말입니다.

그 예수님이 당신의 마음 문을 두드리고 계십니다.

문을 열어 그 사랑에 반응하는 복이 있기를 바랍니다.

034

/

하나님을 섬기는 일,
별로 하고 싶지 않은데요?

당신의 마음에 하나님을 모시는 것이 싫습니까?

그러면 당신에게 남은 것은 절망뿐입니다.

하나님을 모시지 않는다면, 하나님 나라 백성이 될 수 없습니다.

가장 큰 죄는 당신의 마음에 하나님 두기를 싫어하는 것입니다.

왜 이것이 큰 죄인지 이해할 수 없습니까?

하나님의 통치 속에 들어가기 싫다는 것은

하나님 나라에 대한 반역이기 때문입니다.

반역의 결과는 오직 죽음뿐입니다.

하지만 희망은 있습니다.

하나님은 반역한 죄인을 지옥에 보내는 걸로 끝내시지 않습니다.

당신을 향한 그분의 사랑 때문입니다.

하나님은 반역한 죄인을 심판하는 공의를 실행하셔야 합니다.

하지만 죄인인 당신이 심판을 받아

지옥에 가는 것을 용납하지 않으십니다.

그래서 당신의 죄를 대신 짊어질 희생 제물을 마련하셨습니다.

바로 하나님의 독생자 예수 그리스도이십니다.

그분이 당신 대신 십자가에서 죽으셨습니다.

그로 말미암아 하나님은 공의와 사랑, 둘 다 이루셨습니다.

예수님은 당신의 죄를 대신 짊어지고

당신 대신 하나님의 저주를 받아 죽으셨습니다.

그리고 다시 살아나셨습니다.

예수님을 믿는다는 것은, 당신 대신 죽으셨다가 다시 사신

예수님이 당신의 새 생명이 되어 새로운 삶을 살게 되는 것입니다.

예수님이 십자가에서 죽으실 때,

죄의 종노릇하던 당신의 옛 자아도 함께 죽었습니다.

이제 다시 사신 예수님을 마음에 모시고 살면서,

하나님 나라 백성으로 살아가는 복을 누리시기 바랍니다.

당신의 죄를 해결하기 위해 하나님이 당신에게 요구하신 것은

아무것도 없습니다.

당신은 어떠한 노력이나 대가를 치를 필요가 없습니다.

단지 당신 대신 십자가의 고통을 겪으신 예수 그리스도를

마음에 받아들이면 됩니다.

그러면 예수님이 당신 마음속으로 들어오실 것입니다.

그리고 당신과 더불어 사실 것입니다.

당신을 가장 선한 길로 인도하시며,

천국에 이르도록 인도하실 것입니다.

035
/
먹고살기도 바쁜 사람한테
'죄인, 죄인' 하니 기분 나빠요

"먹고살기도 바쁜데 그런 걸 꼭 생각해야 하나요?
안 그래도 생각할 게 많아 머리가 복잡한데."
"법에 저촉되는 대단한 범죄를 저지른 것도 아닌데
죄를 운운하니 기분 나쁩니다."
이런 당신의 반응은 지극히 평범하고 당연합니다.
그렇다면 당신의 이해를 돕기 위해 설명해보겠습니다.
당신은 무척 건강합니다.
그런데 어느 날 받은 건강검진 결과지에
전혀 동의할 수 없는 내용이 적혀 있었습니다.
일도 잘하고 잘 먹고 나름대로 잘살고 있었는데,
난데없는 에이즈 판정을 받은 것입니다.
청천벽력 같은 소식이 아닐 수 없습니다.
이제까지 제아무리 건강하게 잘 지내왔다 할지라도,
검진 결과가 정확하다면
언젠가 당신에게 병증이 나타날 것입니다.

결국 에이즈 환자의 삶을 살게 될 것입니다.

죄는 영적 에이즈와 같습니다.

지금 당장은 불편함이 없고 아무 문제가 느껴지지 않더라도,

그 죄 때문에 반드시 지옥의 형벌에 이를 것입니다.

그러나 한 가지 기쁜 소식이 있습니다.

영적 에이즈에 걸려 반드시 죽게 될 당신을 대신해서

고통받고 죽은 분이 있다는 소식입니다.

또한 그분은 부활하여 당신에게 새 생명을 주시는 분입니다.

그분은 바로 예수 그리스도이십니다.

예수 그리스도를 믿는다면, 당신은 그분의 새 생명을 얻어

죄의 종노릇 하지 않고 하나님 나라에 가게 될 것입니다.

인생이 끝나는 그때 가서 뒤늦은 후회를 하지 않기 바랍니다.

복된 소식이 지금 당신 앞에 있습니다.

이 소식이 당신의 것이 되기 바랍니다.

036

/

안 믿겠다는데,
왜 자꾸 귀찮게 믿으라고 하는 거예요?

저 역시 한때는 그렇게 말했습니다.

그러다가 예수님을 믿게 된 사람들은 공통적으로 말합니다.

"좀 더 빨리 믿었다면 좋았을걸."

그리스도인들은 왜 당신을 가만히 내버려두지 않을까요?

당신을 사랑하기 때문입니다.

"사랑한다면 상대방의 의견을 존중해야 하는 것 아닙니까?"

상대가 위험에 처해 있지 않을 때라면 당연히 그렇겠죠.

하지만 상대방이 위험한 상황에 있어도 의견을 존중해야 할까요?

자녀가 다치게 될 걸 뻔히 아는데도 자녀가 하자는 대로

가만히 놔두고 의견을 존중하는 부모가 있을까요?

아이가 울어도 주사를 맞게 하고, 싫다고 소리를 질러도

수술을 시키는 이유는 아이를 사랑하기 때문입니다.

사랑하는 대상이 위험에 처하거나 문제 속에 있는데,

그 문제를 해결할 방법을 안다면,

누구도 가만히 있지 않을 것입니다.

상대가 자신을 가만히 내버려두기를 바란다고 해도 말입니다.

당신은 지금 큰 문제에 직면해 있습니다.

당신은 느끼지 못해도, 그 문제는 아주 심각합니다.

당신의 영원한 운명을 결정할 중대한 문제입니다.

그 문제는 바로 당신이 죄인이라는 사실입니다.

세상 모든 사람이 비슷하게 죄지으며 살고 있으니,

나름대로 착하게 살려고 애쓰고 있으니 괜찮다고 생각하시나요?

당신이 아무리 착하게 살고, 좋은 일을 많이 해도

이미 지은 죄와 앞으로 지을 죄의 문제가 해결되는 건 아닙니다.

지은 죄는 결코 사라지지 않습니다.

죗값을 치러야만 계산이 끝납니다.

그래서 하나님은 당신을 대신해 아들 예수님이 그 죗값을

치르게 하시고, 당신 죄를 용서하기로 하셨습니다.

이제 당신은 예수님을 믿어 죄인의 신분에서 벗어날 수 있습니다.

죄가 사면받는 데에는 그 어떤 보석금이나

사회봉사가 요구되지 않습니다.

다만 죽기까지 당신을 사랑한 그 사랑 안으로 들어가면 됩니다.

그래서 당신이 싫다고 거절해도,

예수님을 믿는 믿음만이 당신의 문제를 해결해줄 수 있기에

자꾸만 그분을 믿도록 전하는 것입니다.

037

/

내 인생은
내가 잘해낼 수 있어요

술이나 담배가 해악하다는 건 압니다.
그러나 그것이 주는 즐거움의 끈을 놓기는 쉽지 않습니다.
결국 그러한 것들에 중독되면 나의 의지와 다르게
오히려 그것들이 당신의 몸과 마음을 조정합니다.
세상에는 자신의 몸과 마음을
스스로 통제하지 못하는 사람이 정말 많습니다.
그러나 다들 자신은 잘 살고 있다고 말합니다.
잘해보려고 나름대로 노력은 하고 있으니까요.
성과도 있다고 스스로 진단합니다.
그러나 술에 취한 사람의 모습을 보십시오.
비틀비틀하면서 앞으로 나아갑니다.
그나마 똑바로 걸으려고 애쓴 덕입니다.
술에 취한 사람의 입장에서는 그것이 최선의 통제입니다.
당신은 자신을 잘 통제하며 산다고 장담하고 싶을 것입니다.
하지만 당신은 자신을 잘 통제하지 못하고 있습니다.

당신의 인생을 운전하고 있는 사람이 당신 자신이기 때문입니다.

당신이 운전하는 당신 인생의 종착지는 어디입니까?

열심히 달리다가 기름을 넣고 휴게소에 들려 밥 먹고,

복잡한 도로를 짜증내며 운전하고, 때로는 새치기도 해가면서

애써 도착한 곳이 어디입니까? 죽음입니까?

죽음에 이른다 해도, 그대로 끝나면 괜찮을 것입니다.

하지만 문제는 죽음 이후입니다.

진짜 당신의 종착지는 죽음이 아닙니다. 지옥입니다.

최선을 다해 도착한 곳이 지옥이란 말입니다.

그 이유를 아십니까? 당신은 이미 술에 취한 상태입니다.

운전 능력을 상실했음에도 자신이 할 수 있다고 고집한 결과

올바른 종착지에 다다르지 못했습니다.

죄에 취한 당신이 향한 곳은 지옥뿐입니다.

어떻게 해야 올바른 종착지에 다다를 수 있을까요?

운전대를 재빨리 예수님께 넘겨야 합니다.

그분은 당신의 운전대를 잡기 위해,

자신의 생명을 내놓으신 분입니다.

당신을 사랑하기에,

당신이 지옥으로 가는 것을 볼 수 없어서 죽음을 자처하신 분입니다.

죄에 취해 운전하던 인생의 차를 멈추십시오.

그리고 운전석을 예수님께 내어드리십시오.

예수님이 가장 안전하게 하나님 나라로 당신을 인도하실 것입니다.

038

/

저는 무교입니다
나는 내 자신을 믿어요

당신 자신을 믿는다는 것은 다른 것에 의존하지 않고,

스스로 어떤 가치를 결정하고 추구하며 책임진다는 의미겠지요?

당신은 자신을 믿고 있습니다.

그래서 '무교'라는 말은 성립되지 않습니다.

당신의 종교는 '자아숭배교'입니다.

당신은 당신 자신을 믿고, 당신의 자아가 시키는 대로 살며,

자아 만족을 위해 살아갑니다.

모든 삶의 이유와 목적이 당신에 근거하여 이루어진다면,

당신은 무교가 아니라 당신 자신을 신봉하는 사람인 것입니다.

이런 의미에서 모든 인간은 자아숭배교도라 할 수 있습니다.

안타까운 것은 인간의 모든 불행이

자아를 숭배하는 데서 비롯된다는 것입니다.

많은 부부들이 싸우고 불행해하는 이유는,

서로가 "나를 행복하게 해줘"라고 요구하기 때문입니다.

한마디로 자아숭배교 신자 두 명이 만났기 때문입니다.

나는 완벽하고 타당한 결정을 내렸다고 생각하는데

다른 사람이 더 완벽하고 타당한 결정이 있다고 하면,

내 자아가 짓밟힌 것 같아 기분이 나쁩니다.

자아숭배교의 문제점은 인류의 수만큼 교주가 많다는 것이며,

그래서 서로의 운명을 지옥에까지 끌고 가게 된다는 점입니다.

결론은 자아숭배교는 구원 없는 종교입니다.

무교가 아닌 다른 어떤 종교를 믿는다 해도, 그 목적이

나를 위해서라면 그 또한 다른 모습의 자아숭배교일 뿐입니다.

그러나 당신을 자아숭배교에서 해방시킬 기쁜 소식이 있습니다.

당신의 자아가 죽었다고 선포하는 복음입니다.

정말 그런 일이 가능할까요? 자아가 죽을 수 있을까요?

가능합니다. 예수님이 십자가에서 죽으실 때,

자아 만족만을 위해 살아오던 당신도 함께 죽었기 때문입니다.

예수님은 부활하셨고, 그 예수님이 당신의 새 생명이 되셨습니다.

당신은 이제 예수님을 위한, 예수님에 의한, 예수님을 믿는

삶으로 당신의 인생을 새롭게 시작할 수 있습니다.

자아 만족만을 위해, 자아 중심적으로 살아오던 당신의 죄를

하나님께 고백하고 당신의 새 생명이 되실 예수님께

당신의 삶을 드리기만 하면 됩니다.

그러면 예수님이 당신 안에 계시면서 당신의 삶을 이끄십니다.

영원한 천국의 삶을 지금부터 누리도록 인도하십니다.

6장

기독교에
대해
비판적인가요?

039

/

기독교는 너무 독선적입니다

"예수만이 유일한 구원의 길이다."

당신은 이 말에 기분이 상할 수도 있습니다.

기독교는 다른 종교를 인정하지 않는 독선적인 종교라고 비난할

수도 있습니다.

사실 기독교는 본래 독선적입니다.

하나님이 제시하신 구원의 방법이 정말 단 하나이기 때문입니다.

예수 그리스도만이 구원에 이르는 길이기 때문입니다.

병에 걸린 환자에게 이렇게 말한다고 해봅시다.

"무슨 약이든 열심히 복용하기만 하면 나을 겁니다.

이 약이 당신에게 맞지 않는다면, 당신 입맛에 좋고 먹기 편한

다른 약을 처방해줄 테니 그 약을 복용하세요."

그러나 제대로 된 의사라면

환자의 병에 딱 맞는 약을 처방해줄 것입니다.

그렇다면 어떻게 구원에 관한 처방전이 여러 개일 수 있겠습니까?

구원에 이르는 처방전의 내용이 제각각 다르다면, 그중 하나의

처방전만 옳고 나머지는 틀렸다고 할 수 있을 것입니다.

유일하게 맞는 처방전을 독선적이라고 말할 수는 없습니다.

배타적이고 편협한 처방이라고 할 수도 없습니다.

어느 처방전이든 당신이 원하는 대로 복용하기만 하면

병이 나을 것이라고 하는 의사의 말을 인정할 수 있겠습니까?

그 의사가 관대하고 다른 사람의 생각을 존중하는 사람일까요?

당신은 이제 올바르고 정확한 처방을 제시하지 못하는 의사들,

그래서 다른 처방전도 다 일리가 있으며 존중해야 한다고 하는

무책임한 말을 내뱉는 이들을 제대로 평가할 수 있어야 합니다.

그들이 자신의 처방전에 대해 확신이 없기 때문이 아닐까요.

잘못된 처방을 내리고 있는 것입니다.

서로의 처방전이 틀렸음을 지적하지 말고

서로 사이좋게 인정하자고 하는 것도 암묵적으로

잘못된 처방전에 대해 동조하는 것입니다.

"우리 종교는 독선적이지 않다"는 그들의 말에 현혹되지 마십시오.

당신의 영혼을 아무에게나 맡기지 마십시오.

하나님은 당신을 하나님 아버지께로 인도하는 구원자는

오직 예수뿐이라고 말씀하셨습니다.

예수님 외에 다른 길을 여신 적이 없습니다.

오직 예수님께 나오십시오.

040

/

"예수 천국 불신 지옥"은
기분 나빠요

"예수 천국 불신 지옥."

이 말을 들을 때마다 기분 나쁜 사람이 있을 것입니다.

눈에 보이지도 않는 분을 자꾸 믿으라면서 죄인 취급하고,

심지어 믿지 않으면 지옥에 간다니, 기분이 나쁠 수밖에 없습니다.

하나님은 사랑이시라면서 왜 자신을 믿지 않는다는 이유만으로

지옥에 쳐 넣는다는 것인지, 그 정도로 하나님을 믿지 않는 것이

큰 죄인지 의문이 생기실 것입니다.

이렇게 한번 생각해보십시오.

만약 우리나라에서 대한민국의 주권과 통치를 거부하고

다른 주권을 주장하는 세력이 있다면,

그들은 반역죄를 짓는 것이나 마찬가지입니다.

왕정 시대 때 국가에 반역하는 무리는 3족을 멸했습니다.

한 나라에 두 주권이 공존할 수는 없기 때문입니다.

하나님 나라도 마찬가지입니다.

당신의 말대로 하나님은 볼 수 없고,

하나님 나라도 보이지 않습니다.

그러나 하나님 나라는 분명히 존재합니다.

사람에게는 육뿐만 아니라 영이 있습니다.

눈에 보이지 않는 우리의 영은

눈에 보이지 않는 하나님 나라의 지배를 받습니다.

하나님의 주권과 왕 되심을 인정하지 않고

자기 스스로 인생의 왕이 되어 살면서

하나님 나라 백성되기를 거부하는 것은

결국 반역죄를 짓는 것입니다.

그래서 하나님을 거부하는 당신을 죄인이라 말하고,

따라서 죽으면 지옥에 간다고 말하는 것입니다.

지옥은 하나님 나라의 영원한 형벌이 집행되는 곳입니다.

지옥도 천국도 여전히 보이지 않기에 없다고 주장하시겠습니까?

이 세상에는 당신이 볼 수 있는 것만 존재하는 것이 아닙니다.

당신은 기껏해야 100년의 경험이 전부지만,

하나님은 영원 전부터 영원까지 계시는 분으로서

육신의 눈으로는 경험할 수 없습니다.

그러나 당신의 영은 하나님을 만날 수 있습니다.

자신이 보지 못하고 있는 세계가 있음을 겸손하게 받아들이세요.

반역죄 가운데 있는 당신을 사랑하셔서 아들 예수 그리스도를

보내시고 당신의 죄를 그에게 담당시키셔서 구원하신

예수님 앞에 당신의 반역죄를 고백하고

당신의 주권을 예수님께 이양하십시오.
그러면 반역죄를 용서받을 뿐만 아니라
하나님의 자녀가 될 수 있습니다.
그리고 당당히 천국 시민이 되어
예수님과 함께 천국을 누릴 수 있습니다.

041

/

당신들은 부모 없이 태어났나요?
제사는 효의 실천이에요

부모 없이 태어난 인간은 없습니다.

효孝는 인간이 마땅히 지켜야 할 도리입니다.

그러나 제사가 진정 효의 표현이라 할 수 있을까요?

우리나라의 제사는 유교의 공자로부터 시작되었습니다.

공자가 타지에서 오랜 시간을 보내다 고향으로 돌아와 보니

노모가 돌아가신 상태였습니다.

그는 노모에 대한 불효를 후회하면서 제사를 드렸고,

이를 좋게 본 사람들에 의해 제사가 시작되었습니다.

따지고 본다면 제사는 불효의 뉘우침이지 효도가 아닙니다.

불효한 자식이 마음의 짐을 벗는 것이 제사라면,

이는 자식을 위한 것이지 부모를 위한 것이 아닙니다.

제사에 대한 당신의 마음을 정확히 들여다보기 바랍니다.

돌아가신 부모에게 유익을 끼치기 위해 제사를 드립니까,

아니면 당신 자신을 위해 드립니까?

힘들게 제사상을 차리고 정성을 다하는 이유가 돌아가신

부모의 혼에게라도 잘하여 자신과 자손이 잘되고 싶은 것이라면
'제사를 지내지 않는 것은 불효'라는
이와 같은 근거 없는 판단은 거두어야 합니다.
부모에게 효를 다해야 한다고 생각합니까?
그렇다면 더더욱 예수님을 믿어야 합니다.
하나님이 주신 인간관계 사이의 첫 번째 계명이
'네 부모를 공경하라'이기 때문입니다.
성경은 네 부모를 공경하라는 계명이 있어도 제사는 금합니다.
우리는 돌아가신 부모가 아니라 살아 계신 부모에게
효도해야 합니다. 살아 계실 때 잘해야 합니다.
돌아가신 부모는 자손을 위해 아무것도 해줄 수 없고,
그 영혼이 천국과 지옥 중 한 곳에 있을 뿐입니다.
제사상을 받아먹을 능력도, 자손에게 복을 줄 능력도 없습니다.
제사는 결국 우리의 헛된 노력일 뿐입니다.
당신의 생사화복을 주장하시는 분은 하나님 한 분뿐입니다.
그분은 당신의 이생뿐만 아니라 영원을 결정하시는 분입니다.
하나님은 우리를 천국으로 인도하시기 위해 아들 예수를
세상에 보내시고 우리 죗값으로 아들을 죽음에 넘겨주었습니다.
당신의 죄를 깨끗케 하시려고 죽으시고 다시 사신 예수님을
당신의 주인으로 모시면 당신은 구원을 받습니다.
살아 계실 때 부모에게 효를 다하라고 가르치시는
하나님을 믿으세요.

042
/
예수쟁이들은
꼴도 보기 싫어요

아마 당신은 어떤 이유에서든 그리스도인에게 상처를 받았거나
좋지 않은 경험을 한 적이 있는 듯합니다.
제가 대신 사과드리고 싶은 심정입니다.
그리스도인 또는 교회의 어떤 모습이 당신을 힘들게 했다면,
참으로 죄송합니다.
그런데 예수 믿는 사람들이 왜 그럴까요?
당신 마음에 상처를 준 이유가 무엇일까요?
분명히 예수님의 가르침은 그렇지 않을 텐데 말입니다.
저는 당신께 아주 분명한 한 가지 사실을 알려드리려 합니다.
당신이 아는 것보다 예수 믿는 사람들이 더 나쁘다는 사실입니다.
어떻게 아느냐고요? 제가 그렇기 때문입니다.
저는 사람들의 평가보다 훨씬 더 나쁜 사람입니다.
더군다나 예수님의 가르침에 아주 많이 못 미치는 사람입니다.
자기 자신을 남에게 나쁘게 보이려고 애쓰는 사람은 없습니다.
저의 고백은 다 사실입니다.

그러나 저를 포함한 예수 믿는 사람들이 하나님의 절대적 선에
못 미치고 있어도 정말 복 받은 사람들임을 아십니까?
이 사실을 알게 된다면,
당신은 예수 믿는 사람들을 부러워하게 될 것입니다.
적어도 우리는 하나님 앞에서 우리의 부족함을 시인한 사람이며,
그래서 하나님께 용서를 얻은 사람입니다.
아마 이렇게 말하면 당신이 화를 낼지도 모르겠습니다.
"아니, 죄짓고 용서받았다고만 하면 다인가?"
하나님은 이 세상의 모든 인간이 죄인이라고 말씀하십니다.
하나님의 영광과 거룩함에 도달할 만한 인간은 없습니다.
세상에는 두 종류의 인간만 있을 뿐입니다.
자기가 남보다 낫다고 생각하는 죄인과
자기가 지옥에 갈 수밖에 없는 죄인임을 깨달은 죄인입니다.
하나님은 후자를 공의가 아닌 사랑으로 용서하시고,
영원한 천국을 주셨습니다.
하나님은 당신 또한 사랑으로 용서하시고
영원한 천국을 주기 바라십니다.
하나님은 당신을 기다리고 계십니다.

043

/

성경은 결국
이스라엘 역사 아닌가요?

"남의 나라 역사책으로 종교 만들어서 믿으라고 하지 마세요."

성경, 특히 구약은 완전히 이스라엘의 역사 같습니다.

그런데 이상한 점이 있습니다.

애초에 하나님이 그럴듯한 나라를 택하셨더라면 폼도 나고

기독교도 더 잘 전파되었을 텐데 말입니다.

이스라엘은 로마에 의해 멸망한 후 1,800년 이상 흩어져,

나라 없이 산 불행한 역사를 갖고 있습니다.

그러나 성경은 남의 나라 역사를

온 세상 사람에게 알리려고 하는 목적의 책이 아닙니다.

성경은 당신을 위해 이 땅에 오신 예수 그리스도에 대한 책입니다.

하나님이 이스라엘 민족을 택하시고 그 민족을 통해

예수 그리스도가 오시기까지 얼마나 오랫동안 준비하셨는지를

보여주는 사랑의 대서사시인 것입니다.

당신이 성경을 제대로 배우고 이해하게 된다면,

하나님의 놀라운 사랑을 만나게 될 것입니다.

당신을 위해 예수를 이 땅에 보내어 죽게 하시고
완전한 구원 계획을 성취하신 그 사랑을 말입니다.
그 모든 역사가 당신을 위한 하나님의 열정이었음을
깨닫는 순간, 당신은 인간이 지닌 모든 경외함으로
하나님께 감사를 드리게 될 것입니다.
당신은 세상에서 가장 길고 장엄하며,
죽음보다 강한 사랑의 메시지를 받은 것입니다.
성경이 너무 어려워 보이고, 길어서 골치가 아픕니까?
만약 당신이 연애편지를 받았다고 합시다.
길고 어렵다고 그 편지를 내팽개치겠습니까?
성경은 당신을 향한 하나님의 사랑 고백입니다.
어렵고 힘들면 타인에게 물어서라도 그 뜻을 알아가야 합니다.
당신을 살리기 위한 그분의 애타는 호소를 들어야 합니다.
그 사랑을 깨닫기까지 읽어야 합니다.
그러면 당신도 그 사랑의 편지를 보내신 이를
사랑하게 될 것입니다.

044

/

나는 하나님이 그냥 싫어요!

당신이 하나님을 싫어하는 이유는 아주 많을 수 있습니다.

하지만 분명한 이유 없이 싫어할 수도 있을 것입니다.

어느 쪽이건 당신이 하나님을 싫어하는 것은 분명합니다.

그 이유가 하나님 때문인가요,

아니면 당신의 기분이나 판단, 학습이나 경험 때문인가요?

즉, 그분이 악해서인가요, 그냥 당신 마음에 들지 않아서인가요?

또는 그분의 가르침에서 잘못을 발견했기 때문인가요,

아니면 도저히 못 따라갈 것 같아서인가요?

그분의 사랑에 오류가 있어서인가요,

아니면 당신의 가치관으로 살고 싶어서인가요?

그분에게 신적 권능이 없어서인가요,

아니면 도무지 믿어지지 않아서인가요?

그분에게는 아무런 잘못이 없습니다.

그분은 당신이 싫어할 만한 일을 하지 않으셨습니다.

당신의 감정 또는 판단이나 경험이 그분을 싫어하는 것뿐입니다.

당신은 이 문제를 대수롭지 않게 여길지 모르지만,

그 책임은 엄청 무겁습니다.

그 책임이란 무엇입니까?

하나님을 싫어한 당신이, 언젠가는 하나님을 싫어하는 우두머리

사탄과 함께 지옥 불에서 영원히 사는 것입니다.

하나님은 당신이 지옥 가는 것을 기뻐하시는 분이 아닙니다.

당신을 구원하길 원하시는 분입니다.

그래서 당신 대신 독생자 예수를 십자가에서 죽게 하셨습니다.

하나님은 당신에게 다시 기회를 주십니다.

당신 대신 죽으신 그 예수의 이름으로

하나님께 나아가기만 하면,

당신을 지옥에서 천국으로 인도하겠다고 약속하십니다.

왜냐하면 당신이 하나님의 사랑을 받아들인다는 증거를

아들 예수의 이름으로 확인하시기 때문입니다.

하나님은 끝까지 선하십니다.

아들을 아끼지 않는 그 사랑을 바라보십시오.

하나님은 당신에게 거절당할 이유가 전혀 없으신 분입니다.

하나님의 사랑을 받아들이고, 천국으로 인도하는 그 사랑을

지금부터 영원히 누리세요.

045

/

꼴 보기 싫은 사람이
그 교회에 다니고 있어요

불편한 관계에 있는 사람 때문에 교회에 못 오시는군요.
교회는 동창회나 어떤 중요한 회합과도 비교할 수 없는
특별한 모임입니다.
중요하게 여겼던 모임도 세월이 흐르면 의미가 사라지고
쇠퇴하기 마련입니다.
그러나 교회는 다릅니다.
시들지 않는 열정의 모임이 바로 교회입니다.
세월이 흐를수록 더욱 놓지 못할 모임입니다.
이 교회라는 모임의 리더는 시들지 않는 열정의 소유자이시며,
영원한 사랑의 실천자 예수님이십니다.
"그래도 그 인간은 정말 보기 싫어요!"라고 말할 수도 있습니다.
그러나 학교에 미운 아이가 있다고 학교에 안 다니고,
싫은 사람이 서울대 간다고 해서 서울대 갈 실력으로
다른 대학을 가겠습니까?
당신이 싫어하는 사람이 천국에 간다고 해서

천국을 포기할 수는 없는 노릇입니다.

그리고 천국은 서로 미워하는 사람이

미움을 간직한 채로 입성할 수 있는 곳이 아닙니다.

이번 기회로 당신이 싫어하는 분과 좋은 관계를 맺을 수 있습니다.

예수님의 사랑을 알게 되면 누구든 용납할 수 있기 때문입니다.

"얼굴만 봐도 화가 나고 더 미워지니 안 보는 게 좋죠."

이것이 인간의 한계입니다.

그러나 우리의 모습을 돌아보십시오.

우리가 하나님을 싫어하고 배신해도,

하나님은 "그래? 그럼 나도 너 안 봐"라고 결정하지 못하십니다.

당신을 매우 사랑하시기 때문입니다.

오히려 죄인인 당신을 위해 죽으신 분이 아닙니까?

인간으로서는 결코 이해할 수 없는 사랑입니다.

우리가 그 사랑을 어디에서 배울 수 있겠습니까?

하나님 앞으로 나와야만 배울 수 있습니다.

'교회 다니는 누구' 운운하며 비난하지 마시기 바랍니다.

그들 역시 하나님 사랑을 제대로 깨달으려는 사람입니다.

부족하기는 그들이나 당신이나 매한가지입니다.

하나님이 당신을 어떻게 얼마나 사랑하셨는지 깨닫게 될 때,

비로소 그 사람을 용납할 수 있는

하나님 수준의 사랑이 가능하게 됩니다.

046
/
교회에 실망했습니다

"교회에는 나쁜 인간만 수두룩해요.
목사나 장로도 마찬가지예요. 그들이나 잘 믿으라고 하세요."
죄송합니다.
저를 비롯한 그리스도인들이 하나님의 가르침대로
살지 못해 당신에게 불편한 마음을 끼쳤기 때문입니다.
그리고 감사합니다.
당신의 꾸지람 덕에 제 자신을 한 번 더 돌아보게 되었고
그래서 하나님께 참회할 수 있게 해주었기 때문입니다.
당신이 이렇게 교회 다니는 사람에게 분개하는 것보다
더 분노하고 통탄해하실 분이 있습니다. 하나님입니다.
하나님의 분노가 당신이 말하는 그 목사나 장로들을
싹 쓸어 벌을 준다 해도 변명할 여지는 전혀 없습니다.
그런데도 하나님은 침묵하시는 듯합니다.
그분은 인간들의 죄를 눈감고 모른 척해주시는 걸까요?
그렇지 않습니다. 그분은 애통해하며, 고통 중에 계십니다.

죄 지은 인간을 버리지 못하고 사랑하시기에 고통은 더 큽니다.

죄짓고 감옥에 간 아들을 둔 어미의 고통을 아십니까?

아들이 죄수가 되었다고 버릴 수 있겠습니까?

어머니는 아들이 흉악한 죄인된 것이 고통스러울 것이며,

그 아들이 겪을 감옥생활의 고통 때문에 애간장이 녹을 것입니다.

하나님은 "너 낳은 어미가 혹 너를 버릴지라도

나는 너를 버리지 못한다"고 말씀하시는 분입니다.

죄인 된 아들을 여전히 품는 어미의 사랑을 욕할 수 없듯이,

하나님의 끊을 수 없는 이 사랑을 그 누구도 비판할 수 없습니다.

하나님은 무엇 때문에 이토록 죄인 된 인간을 사랑하실까요?

어미가 자식을 낳아 사랑하듯, 하나님이 인간을 창조하셨기 때문에

인간은 그 존재만으로 하나님 사랑의 대상이 된 것입니다.

비록 인간은 하나님을 배반하는 죄를 저질렀지만,

하나님은 인간을 너무나 사랑하셔서

그 죗값을 아들 예수의 죽음으로 치르셨습니다.

아들을 아끼지 않는 그 사랑은

아무리 큰 죄를 지었다 할지라도 용서하는 사랑입니다.

하나님이 당신에 대해서도 참으신다는 것을 알고 있습니까?

하나님은 오늘도 우리를 향한 사랑 때문에 고통받고 계십니다.

당신을 위해, 또 당신이 비난하는 그들을 위해,

그리고 모든 인류를 위해 고통받고 계십니다.

당신만이라도 진정 하나님의 사랑 안으로 돌아오세요.

047

/

난 교회 다니는 사람보다
더 많이 봉사해요

"저는 어려운 이웃들도 많이 돌보는데,

오히려 교회는 나만큼도 하지 않더라고요."

어렵고 힘든 사람들을 보살피는 당신을 칭찬해드리고 싶습니다.

교회가 어려운 이웃들을 나 몰라라 하는 것은 물론 잘못입니다.

성경도 "네 이웃을 네 자신같이 사랑하라"고 말하고 있습니다.

그러나 당신이 교회에 대해 살짝 오해하는 부분이 있습니다.

하나님이 원하시는 이웃에 대한 사랑이

궁극적으로 어떤 사랑인가 하는 것입니다.

예수님도 이 세상에서 만난 불쌍한 이웃의 병이나 굶주림을

적극적으로 도와주려고 하셨습니다.

이스라엘 백성은 메시아를 기다리고 있었지만,

그들의 입장에서 절실히 필요했던 것은 당장 빵 문제를 해결하고

로마의 압제에서 벗어나는 것이었습니다.

현재 당신이 돕고 있는 이웃들의 바람처럼 말입니다.

그러나 예수님 사랑의 궁극적 목표는

잠시 살고 갈 육신의 필요를 채우는 데 있지 않았습니다.

빵이나 질병, 정치적 독립 같은 것이 뒤로 밀려나도 될 만큼

중요한 궁극적 목표는 과연 무엇이었을까요?

영혼이 지옥에 가지 않고 천국에 가는, 영혼 구원이었습니다.

그래서 예수님은 군중의 기대를 저버리고,

오히려 그들의 분노의 제물이 되는 길을 택하셨습니다.

그렇게 해서라도 그들의 영혼을 구원하기 위해,

아버지 하나님의 계획에 순종하신 것입니다.

이제 선행의 삶을 사는 당신의 영혼에 대해 생각해볼 때입니다.

안타깝게도 그 많은 선행은 당신의 죄를 씻어주지 못합니다.

당신의 죄는 오직 하나님께 용서받아야만 없어집니다.

그리고 당신을 구원하기 위해 목숨까지 아끼지 않으신 예수님을

당신의 주인으로 모셔 들여야 합니다.

영원한 천국의 삶을 지금부터 누려야 합니다.

영원한 천국의 삶,

이것은 잠시 쓰고 가는 육체의 그 어떤 만족보다

영혼 구원에 더 관심을 기울여야 할 충분한 이유입니다.

한 작은 자에게 한 일이 예수님께 한 일이라는 말씀처럼,

불우한 이웃을 돌보는 일은 당연히 교회가 해야 할 일입니다.

그러나 그보다 더 당연한 일은

예수 믿고 구원받으라는 메시지를 끊임없이 전하는 일입니다.

048
/
예수쟁이들은
뭔가 답답해요

"술도 좀 마시고 담배도 나눠 펴야 서로 뭔가 통하는 게 있지!"
당신으로서는 예수 믿는 사람들이
융통성 없고 답답해 보일 수 있겠네요.
당신은 예수쟁이를 '분위기 깨는 사람'으로 여기고,
그들이 단합을 깨고 피해를 준다고 생각하겠지만,
진짜 피해자는 예수 믿는 사람들입니다.
왜냐하면 그들은 술자리를 거부할 권리가 있음에도,
분위기를 깰까 봐 전전긍긍하기 때문입니다.
그럼에도 예수 믿는 사람들이 그렇게 행동하는 이유가 있습니다.
예수쟁이의 대장이신 예수님이 그러셨기 때문입니다.
그분은 죄와는 뭔가 맞지 않는, 답답해 보이는 분입니다.
화끈하게 놀아보는 것과는 관계없는 분이었습니다.
죄와는 전혀 어울리지도 않는 분이 죄인 취급받으셨습니다.
그분은 가장 흉악한 죄인이 죽는 십자가에서 죽으셨습니다.
죄가 있어서가 아닙니다.

죄인인 우리를 살리기 위해 우리 대신 죗값을 치르신 것입니다.

그분은 자기만족을 위해 그 고통의 십자가를 지신 게 아닙니다.

하나님이 예수님께 그 길을 가라고 하셨기 때문입니다.

화끈하게 술 마시며 노는 것이 왜 죄냐고요?

당신은 누구의 즐거움을 위해 노는 건가요?

술자리를 통한 유익은 누구를 위한 것인가요?

원활한 사회생활을 위해 하기 싫은 아부를 하는 것이라고요?

그 또한 결국 누구를 위한 것입니까?

당신입니다. 모든 행동의 수혜자는 바로 당신입니다.

실제 혜택이나 유익이 있었는지에 상관없이 의도가 그러했습니다.

모든 행동은 당신 자신을 위한 결정이었습니다.

그러니 자신이 아닌 예수가 원하는 대로 결정하고 행동하는

예수쟁이들은 거리감 느껴지고 답답하게 여겨졌던 것입니다.

자기만족을 위해 살아온 죄는 하나님이 용서하실 수 없습니다.

"나 자신을 위해 살지 않으면 인생이 어떻게 된단 말인가?"

걱정되십니까?

자기만족을 위해 살아왔지만 불행했던 당신,

이제 예수님을 당신의 주인으로 받아들이면

진짜 행복을 느끼게 될 것입니다.

예수쟁이들에게 이렇게 물어보십시오.

"당신은 행복합니까?"

그러면 진짜 예수쟁이들은 이구동성으로 "네"라고 말할 것입니다.

7장

제대로
살고
있는가?

049

/

당신의 주인은 누구입니까?

이제까지 당신은 자신의 뜻대로 살아왔습니다.

당신 인생의 주인은 당신 자신이었습니다.

얼핏 보면 맞는 말 같지만 정확히 옳은 말은 아닙니다.

당신이 출생하는 데 당신의 뜻은 전혀 반영된 바 없습니다.

그러면 당신의 출생이 부모의 뜻이라고 생각합니까?

그것도 아닙니다.

부모는 자녀를 갖기로 결정했을지는 모르지만,

'당신'을 결정하진 않았습니다.

살면서 당신은 당신의 어떤 것을 마음대로 결정했나요?

태어날 나라? 부모? 당신의 두뇌? 키? 건강?

당신의 뜻과 관계없이 일어나는 사건과 사고는 다 무엇인가요?

결정한 듯 보이는 것들도 지극히 한정된 범위 내에서였습니다.

당신은 자신이 무언가 결정하며 살아왔다고 생각하지만,

실제로는 마음대로 결정하지 못했습니다.

중요한 사안의 결정일수록 당신은 전혀 상관하지 못했습니다.

그렇다면 당신의 삶을 결정하는 이는 누구입니까?
있다면 아마도 그분이 당신의 주인일 것입니다.
다만 당신은 자신이 주인인 줄 알고
안간힘을 쓰며 이제까지 살아왔을 뿐입니다.
단언컨대 당신의 주인이신 그분은 당신의 출생을 결정했듯이
'당신의 죽음'까지 결정하실 것입니다.
죽음 후에 그분은 당신을 천국 아니면 지옥으로 보내실 것입니다.
그곳에서 당신은 영원한 시간을 보내게 될 것입니다.
이제 당신이 잘못 알고 살아온 삶을 돌이킬 때가 왔습니다.
더는 당신이 인생의 주인이 아님을 인정하고,
진정한 주인을 알고 모셔야 합니다.
당신의 주인은 예수 그리스도이십니다.
하나님은 예수님의 피로 당신이 지은 죄의 대가를 치르고
깨끗하게 하셔서, 하나님을 떠났던 당신과 화해하셨습니다.
죽기까지 사랑하신 예수님의 사랑을 받아들이세요.
그분만이 당신을 하나님께로 인도하시는 유일한 분입니다.
스스로는 어떤 중요한 것도 결정할 수 없었던 당신의 삶을,
주인 되신 예수님께 의탁하세요.
그분이 당신의 삶을 아름답고 놀라운 삶으로 인도하시도록,
진정한 주인의 자리를 내어드리세요.
그분이 당신을 영원한 생명으로 인도하실 것입니다.

050
/
두 가지 소식이 있습니다

하나는 나쁜 소식이고, 다른 하나는 좋은 소식입니다.

나쁜 소식은 하나님이 거룩하신 분이라는 사실입니다.

이는 당신에게 절망적인 소식입니다.

하나님이 거룩하신 것이 무슨 상관인지 의문이 생기시나요?

왜냐하면 거룩하신 하나님은 거룩하지 못한 당신과

절대로 함께하실 수 없기 때문입니다.

지금 하나님과 함께 살지 못하는 것이

당신이 거룩하지 못하고 하나님은 거룩하시다는 증거입니다.

즉, 하나님이 계시는 천국에 가지 못하고

지옥에 갈 운명이라는 말입니다.

그래서 하나님이 거룩하시다는 사실은

당신에게 절망적인 소식입니다.

그러나 다른 두 번째 좋은 소식이 있습니다.

전혀 거룩하지 못한 당신을

하나님께서 '거룩하다'고 인정해주시겠다는 소식입니다.

거룩하신 예수님이 당신의 죄를 대신해 죽으심으로

당신의 죄가 용서받았고

당신이 깨끗하게, 거룩하게 되었다는 소식입니다.

이 사실을 믿는 즉시 당신은 거룩하신 하나님과 함께

지금부터 천국을 누리게 됩니다.

두 번째 좋은 소식을 당신 인생의 결론으로 삼아야 합니다.

독생자 예수를 당신이 지은 죗값으로 내어주신

하나님의 사랑에 응답하세요.

좋은 소식을 마련하고 기다리고 계시는

하나님의 사랑에 지금 응답하세요.

너무 늦은 답장은 안 됩니다.

내일은 당신의 것이 아닙니다.

051

/

세상에는
훌륭한 사람이 많지 않나요?

"세상의 좋은 가르침을 따라

나름대로 잘살고 있으니 걱정하지 마세요."

당신에게 '더 나은 삶'이 아니라 완전 '새로운 삶'을 소개합니다.

지금까지 우리는 어떻게 살아야 잘 사는 것인지

끊임없이 교육받았고, 그 가르침을 따라 살아왔습니다.

저는 그 많은 좋았던 가르침에 하나를 보태어

조금 더 나은 삶으로 개선해보라고 권유하는 것이 아닙니다.

당신의 생명을 바꾸라고 권유하는 것입니다.

개선이 아니라, 새롭게 태어나라고 말하는 것입니다.

새로운 삶의 시작은 신분의 변화에서부터 시작됩니다.

당신은 천지만물의 창조주이신 하나님의 자녀라는

신분으로 변하는 것입니다.

하나님의 자녀가 되는 길은 단 하나뿐입니다.

그것은 하나님의 독생자 예수를 믿는 것입니다.

예수님은 하나님의 자녀가 될 자격이 없는 당신을 위해,

죄의 대가를 죽음으로 대신 치러주신 분입니다.

그분은 부활하셨습니다.

당신이 그분을 믿을 때에 당신의 옛 자아는 죽고,

다시 사신 예수님이 당신의 새 생명으로 당신 안에 거하십니다.

당신 안에 있는 예수님의 영 때문에

당신은 하나님의 자녀가 될 수 있는 것입니다.

훌륭한 가르침을 따라 더 나은 삶을 추구해왔던 당신,

그래도 특별히 달라진 것이 없던 당신,

이제 당신이 하던 노력을 그만두고 신분을 바꾸세요.

하나님의 자녀가 되세요.

그러면 하나님이 당신을 향한 놀라운 계획을 알려주실 겁니다.

좀 더 개선된 상태가 아닌 완전히 새롭게 거듭난 사람만이

하나님을 볼 수 있고,

하나님 나라를 경험하며 살아갈 수 있습니다.

052

/

이전에 교회에 다녀봤어요
회장까지 했어요!

그때는 꽤 열심을 보이셨던 모양입니다.

맞습니다. 당신은 교회에 다녀보았습니다.

그런데 예수님을 믿으셨던 것인가요?

예수님을 마음의 주인으로 모셨던 것인가요?

교회를 다닌다고 다 예수님을 믿는다고 할 수는 없습니다.

예배에 참석하고 봉사하고 부서에서 직급을 맡아 활동도 했지만,

그 자체로 예수님을 믿는다고 할 수는 없습니다.

예수님을 믿는다는 것은

예수님을 삶의 주인으로 모신다는 뜻입니다.

예수님이 주인 되시는 삶은 그렇게 간단한 것이 아닙니다.

교회 출석이나 봉사 같은 것으로 대치할 수 있는 게 아닙니다.

누군가 당신의 삶의 일부가 되는 것에 대해 생각해보십시오.

결혼을 하여 배우자가 생기기도 하고,

출산을 하여 자녀가 생기기도 합니다.

그들은 잠시 스쳐 지나가는 것이 아니라 삶에 깊게 개입됩니다.

그 일은 간단한 일이 아닙니다.

새로운 질서와 환경이 형성되고,

행동 및 가치가 변하기까지 합니다.

누군가 나의 삶에 들어오는 데에도 커다란 변화가 있는데,

신이신 하나님이 나의 삶에 들어오신다는 것은 엄청난 변화입니다.

그것도 주인으로 들어오시는 삶은 완전히 거듭나는,

즉 새롭게 태어나는 것입니다.

그래서 교회에 다녀본 것으로

예수님을 믿어봤다고 오해해서는 안 됩니다.

"예수 믿어도 별것 없더라"고 말해서는 안 됩니다.

믿은 것이 아니기 때문입니다.

이제 종교 행위가 아니라, 진실로 예수님을 믿어야 합니다.

당신을 구원하기 위해 죽기까지 사랑하신 예수님을

마음의 주인으로 받아들이기 바랍니다.

그분만이 당신을 하나님께로 인도하는 유일한 길입니다.

053

/

당신의 성적표를
아버지 앞에 가지고 나오세요

시험을 치를 때보다 더 긴장되는 순간이

성적표를 받았을 때입니다.

성적표에 부모님 도장을 받아야 하기 때문입니다.

성적이 좋다면야 무슨 상관이겠습니까.

하지만 성적이 나쁘면 도장을 받기 전,

혼나는 순서가 예정되어 있기 마련입니다.

어느 날 한 학생이 아버지 앞에 성적표를 내밀었습니다.

그러나 아버지의 시선과 관심은 이미 TV에 쏠려 있었습니다.

아버지가 좋아하는 야구 중계를 시청하고 계셨던 것입니다.

아버지는 시선을 텔레비전에 고정한 채 말했습니다.

"몇 등이야?"

아들은 기어들어 가는 목소리로 자신의 등수를 얘기했습니다.

그리고 이어질 아버지의 고함을 예상하며 고개를 숙였습니다.

그때였습니다.

아나나 다를까 아버지가 자리에서 벌떡 일어나셨습니다.

그런데 아버지는 함성을 지르기 시작했습니다.

고함이 아니라 함성을 말입니다.

아버지가 응원하는 팀이 역전 홈런으로

게임을 승리로 마무리 지은 것입니다.

아버지는 아들을 끌어안고 펄쩍펄쩍 뛰었습니다.

잠시 후 정신을 차린 아버지는 아들의 등을 두드리며 말합니다.

"열심히 해서 다음에 더 잘하면 돼.

오늘은 기분인데 치킨이나 시켜 먹을까?"

이 상황에서 아들이 애쓴 것은 아무것도 없었습니다.

혼나기는커녕 오히려 아버지의 격려와 함께 전혀 예상하지 못한

맛있는 치킨까지 즐길 수 있었습니다.

이것이 바로 하나님이 당신에게 베푸시는 구원의 은혜입니다.

당신이 하나님의 심판 앞에서 들고 있는 성적표는 죄로

얼룩져 있습니다. 당신이 받을 것은 하나님의 진노뿐입니다.

그러나 예수님이 하나님의 뜻대로 순종하여 이루신 승리로 말미

암아 하나님의 기쁘신 뜻 안에서 당신이 용서받게 되었습니다.

그 용서는 당신이 영원히 예수님과 동행할 수 있게 해주는,

지금부터 천국의 삶을 누리게 하는 은혜의 선물입니다.

죄로 얼룩진 삶의 성적표를 하나님 앞에 고백하십시오.

그러면 심판 대신 용서를 받습니다.

하나님의 시선이 당신의 성적표에 머물지 않도록

하나님의 아들이신 예수님이 피투성이가 되어

생명을 내주고 싸워 승리하신 것에 감사하십시오.
이제 당신을 위해 하나님이 격려하고 베푸시는
영원한 천국의 기쁨을 지금부터 누리십시오.
당신이 받는 용서는 당신의 공로가 전혀 개입되지 않은,
전적인 하나님의 은혜입니다.
그래서 그 용서는 당신에게 선물입니다.
그저 손을 내밀어 받으면 당신의 것입니다.

054

/

당신이 그동안 거절했던
선물의 정체를 밝혀드립니다

선물을 받았는데 포장지를 풀지 않아서

여전히 당신의 것이 되지 못한 선물을 알고 계십니까?

옛날 어느 나라에 백성을 잘 돌보는 임금님이 있었습니다.

임금님에게는 사랑하는 아들이 있었습니다.

그런데 그 아들이 그만 법을 어기고 큰 죄를 저질렀습니다.

임금님이 어떤 심판을 내릴지 백성의 이목이 집중되었습니다.

임금님은 법에 따라 아들에게 '곤장 80대'의 형벌을 내렸습니다.

형틀이 준비되고, 아들은 그 위에 엎드렸습니다.

그때 이 광경을 지켜보던 임금님이 황금빛 옷을 벗고는

아들 위에 엎드렸습니다.

그 순간만큼은 임금이 아니라 아버지일 뿐이었습니다.

임금의 체면이나 권위를 다 버리고,

아들의 고통을 대신 짊어진 것입니다.

결국 그 아들은 벌을 받지 않았습니다.

곤장을 맞으며 다 죽어가는 임금님을 보면서

누가 아들의 곤장 형을 재집행할 것을 주장하겠습니까?

이로써 선한 임금님은 공의와 사랑, 둘 다 이룬 것이었습니다.

당신이 예수 그리스도를 믿어 얻게 될 구원이

바로 이와 같은 선물입니다.

당신에게는 이미 형벌이 언도된 상황입니다.

그 형벌은 지옥입니다.

그러나 당신을 사랑하시는 하나님이

아들 예수를 보내어 대신 죽게 하심으로

당신이 겪을 지옥의 고통을 면하게 해주셨습니다.

선하신 하나님의 공의와 사랑이 동시에 이루어진 것입니다.

이 과정에서 당신이 해야 할 일이나 공로는 조금도 없습니다.

당신은 그저 선물로 받으면 됩니다.

아무것도 요구하지 않는 것이 이상하고 납득되지 않습니까?

무언가 치성이라도 드리고 공덕을 쌓아야 할 것 같습니까?

그렇다면 그것은 사랑이 아니고 거래일 뿐입니다.

선물에는 조건이 없습니다. 주는 쪽에서 당신을 선택했고,

당신은 단지 손 내밀어 감사함으로 받으면 됩니다.

그러면 예수님과 영원히 동행하는 선물이 당신 것이 됩니다.

그동안 어느 구석에 처박아두었던 그 선물의 먼지를 털어내고

포장을 뜯으세요. 당신의 것으로 누리세요.

선물을 주신 분의 마음을 느껴보세요.

055

/

도대체 '예수 믿는다'는 것은
무엇입니까?

교회에 다니는 것입니까?

착하게 사는 것입니까?

성경 읽고, 헌금하는 것입니까?

이웃을 돕고 봉사 활동하는 것입니까?

교리를 정확하게 잘 아는 것입니까?

다 맞는 말 같지만, 모두 정답이 되기에는 부족합니다.

예수를 믿는다는 것은 인생의 주인이 예수로 바뀐다는 것입니다.

더는 스스로 자기 인생의 왕 노릇 하지 않는다는 것입니다.

그래서 스스로 아무것도 할 수 없게 되는 것입니다.

그저 자신 안에 새 생명이 되신 예수님이 원하시는 대로

생각하고 결정하며 순종하는 것을 의미합니다.

자기 자랑이 없어지고, 오직 예수만 자랑하게 되는 것입니다.

즉, 완전히 다른 인격이 되는 것입니다.

대체 예수님이 어떤 분이기에,

당신을 완전히 새사람으로 만드실 수 있을까요?

그분은 하나님과 같은 분이지만, 기꺼이 인간이 되신 분입니다.

하나님과 당신 사이를 가로막는 당신의 죄를 없애려고

죄의 대가를 죽음으로 지불하신 분입니다.

그리고 죽었으나 다시 살아나신 분입니다.

말로 그냥 '용서한다'고 하면 안 되느냐고요?

하나님의 아들이신 예수님이 그토록 끔찍한 십자가를 지고

죽으실 만큼 당신의 죄가 크냐고요? 그렇습니다.

당신은 하나님의 통치를 거부하는 반역죄를 저질렀습니다.

그러니 하나님이 계시지 않는 지옥 형벌을 받아 마땅합니다.

당신은 자신이 그렇게 큰 죄인은 아니라 생각할지 모르지만,

하나님을 싫어하는 죄는 이 세상에서 가장 큰 죄입니다.

이 죄를 통해 이 세상 모든 죄를 짓게 되기 때문입니다.

여전히 당신이 삶의 주인이기를 고집하십니까?

당신의 왕좌를 포기하면 문제가 생길 것 같습니까?

그렇지 않습니다. 하나님은 당신을 다스리기 원하십니다.

그 하나님은 당신을 목숨 걸고 사랑하시며,

천하보다 당신을 귀하게 여기시는 분입니다.

그분은 당신의 모든 것을 맡아 다스리기에 충분한

권능과 지혜를 가지신 분입니다.

이제 예수님의 통치 안으로 들어오십시오.

새로운 삶이 펼쳐질 것입니다.

056
/
왜 그렇게 열심히 사십니까?

누구나 어린 시절 유난히 아끼던 장난감 하나쯤 있었을 것입니다.

그 장난감이 지금도 여전히 소중한가요?

어른이 되면서 우리는 고달프도록 열심히 일했습니다.

열심히 공부하고 일해서 돈 벌고,

내 욕심을 채우기에 급급했습니다.

그래서 성공하셨나요? 행복하신가요?

스스로 현재 삶의 결과에 만족할 수도 있을 것입니다.

그러나 그것이 얼마나 지속될까요? 다해 봐야 100년입니다.

우리가 실제로 삶을 향유하는 기간은 훨씬 짧습니다.

인간은 죽음을 향해 쉬지 않고 달려가고 있습니다.

우리가 추구하던 모든 것은 죽음 앞에서 아무 쓸모가 없습니다.

그런데도 우리는 그것들을 위해 끊임없이 노력하고 있습니다.

그 사실이 우리를 매우 허무하게 만듭니다.

많은 사람이 그 허무와 불안을 잊게 해줄 술과 쾌락을 찾습니다.

그를 위해 다시 돈과 성공을 추구하는 악순환 속에 살고 있습니다.

소중히 여기던 딱지를 잃고 우는 아이에게 무슨 말을 하겠습니까?

"다시 딱지를 따면 되잖아."

"더 큰 딱지를 많이 만들어줄게"라고 하실 건가요?

딱지를 잃어도 상하지 않을 마음을 갖게 해주는 것이 중요합니다.

잃었다고 해서 울고불고할 만한 물건이 아님을 가르쳐주어야만,

딱지를 잃어도 비참하지 않고 딱지를 따도 자랑하지 않게 됩니다.

성공과 부가 없어도 비참해하지 않고,

반대로 성공과 부를 가졌어도 자랑하거나 교만해하지 않는

일체의 비결을 알게 되는 복된 소식이 있습니다.

그 소식은 죽음 앞에서 버리게 될

세상의 가치들을 훌쩍 뛰어넘는 가치입니다.

그 소식은 하나님의 사랑 안에서 예수님을 나의 생명으로 삼아

영원한 천국의 삶을 살게 되는 가치입니다.

예수님을 믿는 믿음만이 죽음 앞에서도 붙잡을 수 있는

우리의 절대적 가치입니다.

당신은 죄를 지어 지옥에 갈 수밖에 없는 죄인입니다.

그러나 예수님이 당신 대신 죽으심으로 그 죗값을 치르셨습니다.

그 예수님을 믿기만 하면 하나님이 당신을 자녀 삼아주십니다.

이 기쁜 소식을 믿음으로 받아들이십시오.

그러면 죽음 앞에서도 두려워하지 않으며 하나님의 자녀로서

넉넉히 천국에 이르게 될 것입니다.

057

/

나는 더 바랄 게 없어요

"이 정도면 건강하고, 자식들도 살만해요.

교회는 뭔가 바랄 것이 있는 사람이 다니는 곳 아닌가요?

남부러울 것 없이 살고 있는데, 내가 뭐 하러 그런 곳에 가겠어요?"

남부러울 것 없는 만족한 삶을 살고 계신다니 축하드립니다.

단 하나 당신이 잊고 있는 것이 있습니다.

당신은 영원한 삶을 전혀 준비하고 있지 않습니다.

"나는 그런 것 믿지 않아요. 죽으면 끝 아닌가요?

죽음 후에 대해서는 아무런 관심이 없어요."

정말 당신의 미래에 아무런 관심이 없습니까?

당신은 미래에 많은 관심을 두었기에,

열심히 일하며, 노후도 준비했고, 자식들을 가르쳤습니다.

미래를 신중히 생각했기 때문에

지금의 만족한 삶을 이룰 수 있지 않았나요?

다만 당신이 설계한 삶은 겨우 100년이었을 뿐입니다.

이제 당신은 영원이란 시간을 준비해야 합니다.

영원이라는 시간이 있다고 믿지 않으신다고요?

당신이 지금까지 준비해 온 시간을 돌아보십시오.

당신이 보고 달려온 내일이란 시간은 당신이 본 것입니까?

확실하게 약속된 시간이었습니까?

당신은 '내일'이란 시간이 있을 것을 믿고 달려왔을 것입니다.

죽음 이후의 삶도 내일의 삶과 다르지 않습니다.

육신만 흙이 되어 사라질 뿐 영원한 삶이 있습니다.

당신은 영원한 삶을 준비해야 합니다.

하나님은 당신과 영원히 함께하기를 원하십니다.

그런데 한 가지 문제가 있습니다.

거룩하신 하나님과 달리 당신은 전혀 거룩하지 않은 것입니다.

영원히 하나님과 살고 싶어도 그럴 수가 없습니다.

당신은 거룩하신 하나님이 계신 천국이 아닌,

지옥에 갈 수밖에 없는 죄인입니다.

그래서 하나님이 스스로 인간이 되어 세상에 오셨습니다.

그분이 바로 예수님입니다.

예수님은 우리 죄를 담당하여 죄의 대가인 죽음을 택하셨습니다.

그리하여 우리가 영원한 지옥에서 영원한 천국으로 옮겨지도록

다 이루어 놓으셨습니다.

당신이 할 일은 이 예수님을 당신 마음에 받아들이는 것뿐입니다.

예수님을 믿어 영원을 준비해야 합니다.

058

/

너무 바빠서
종교에 신경 쓸 시간이 없네요

많이 바쁘시군요.

쉬는 것도 따로 일정을 잡지 않으면 시간을 내기 어렵고,

가족과 얼굴 마주하고 대화할 시간도 없이,

왜 그렇게 바쁜가요?

바쁜 삶이 당신의 능력이라고 생각할 수도 있습니다.

사회, 국가, 당신 주변의 인간관계가,

무엇보다 당신이 하는 일이 당신을 쉴 틈 없이 몰아감으로써

당신을 아주 중요한 사람으로 인식시켜 주기 때문입니다.

그렇습니다. 당신은 중요한 사람입니다.

당신은 더 괜찮은 사람이 되기 위해 노력하고 있으며,

소유와 명예, 평판 등으로 당신을 증명해보이고 싶어 합니다.

그러나 바쁘게 살아서 성취하게 되는 돈이나 명예, 관계 같은

것보다 당신 자신이 더 중요하다는 사실을 알고 있습니까?

돈이나 명예 등은 당신이 입고 있는 껍데기에 불과합니다.

당신이 죽을 때에 당신과 분리될 수밖에 없는,

이 세상에 두고 가야 할 옷과 같은 것입니다.

이제 진짜 당신 자신을 위해 나머지 삶을 살아야 합니다.

이 세상을 떠나 갈 때 입고 가야 할 옷,

영원히 당신과 분리되지 않을 옷을 준비하며 살아야 합니다.

그것은 '하나님을 향한 사랑과 이웃을 위한 사랑'의 옷입니다.

하나님을 향한 사랑을 가장 잘 고백하고 증명하는 길은

그분의 아들 예수를 믿는 믿음입니다.

이 믿음의 옷은 예수님의 피로 값 주고 사신,

당신의 모든 죄를 깨끗하게 덮어주는 옷입니다.

여기에 더하여 당신이 하나님을 사랑하듯 이웃을 섬기는

이웃 사랑의 옷을 입는다면, 천국에 입성하는 그날

하나님이 당신을 반기실 것입니다.

유효기간이 존재하는 것들을 위해 바쁘게 살아온 당신,

이제 유효기간이 없는 영원한 것을 위해 시간을 투자하십시오.

그러면 "바쁘다 바빠"라고 외치던 당신은

"기쁘다 기뻐"라고 외치며 살게 됩니다.

059

/

모든 것을 다 가진 당신에게

가족들은 건강하고, 남부럽지 않는 재산도 가졌고,
자식들은 모두 성공했고, 배우자는 다정하고,
좋은 친구도 많고, 선한 일을 많이 한 덕에 평판도 좋으며,
주변에 속 썩이는 사람이 전혀 없는 당신.
조상도 잘 섬기고 불교를 믿으며 내세도 잘 준비하고 있는 당신,
더는 바랄 것 없이 '이대로 살다 죽었으면 좋겠다'고 생각하는
당신에게 단 하나의 문제가 있음을 알려드립니다.
단 하나이지만 너무나 치명적이어서,
결국 당신을 영원한 형벌에 처하게 만들 그 문제를 말입니다.
그 문제는 바로 당신이 지은 죄입니다.
죄를 전혀 짓지 않은 것은 아니지만,
큰 문제가 될 만한 죄는 없었다고요?
그래서 불공도 정성스레 드리며 좋은 일도 하고 있다고요?
불공을 드리고 좋은 일을 한다고 없어지는 죄가 아닙니다.
당신의 그 죄는 용서받아야만 없어지는 죄입니다.

누구에게 용서를 받아야 할까요?

죄를 지은 대상에게 받아야 합니다.

당신은 누구에게 죄를 지은 것 같습니까?

바로 하나님입니다.

당신의 가장 큰 죄는 '하나님을 마음에 두기 싫어한 죄'입니다.

당신이 지은 모든 죄는 바로 여기에서 출발합니다.

하나님은 우주만물의 주인이자 당신의 주인이십니다.

그러나 그 주인 자리를 당신이 차지한 순간부터

스스로 하나님이 되어 자아를 숭배하며

오로지 자아만족을 위해 살아왔습니다.

"그게 무슨 문제가 되나요? 다들 그렇게 못 살아서 난리인데."

맞습니다.

자아만족을 위해 투쟁하느라 다들 이 모든 고통을 겪는 것입니다.

이제 주인의 자리에서 내려오세요.

하나님께 주인의 자리를 돌려드리고

그분의 통치 안으로 들어가십시오.

당신의 죄를 고백할 때, 당신을 대신하여 죽으신 하나님의 아들

예수의 피가, 당신의 죄를 깨끗하게 씻겨주실 것입니다.

그리고 아름답고 진정 행복한 삶을 지금부터 영원히

누리도록 하나님이 인도해주실 것입니다.

060
/
소박한 꿈을 갖고
성실하고 착하게 살아가는 당신에게

당신은 사람들로부터 부럽다는 말을 많이 들었을 것입니다.
당신은 과욕을 부리지 않음으로 많은 것을 얻었습니다.
물질보다는 관계에, 미래보다는 현실에, 불평보다는 만족에
더 가치를 두고 살아왔기에 작은 것에도 행복합니다.
당신의 온화한 얼굴과 정다운 미소는 타인의 마음을
편안하게 해줍니다. 당신의 삶은 현명했습니다.
그러나 당신의 삶은 정답이 될 수 없습니다.
이 땅의 삶이 끝이 아니기 때문입니다.
다소 충격적인 이야기지만 사실입니다.
모든 사람이 칭찬했던 삶이라도 그것이 정답일 수는 없습니다.
왜냐하면 사람들에게는 누군가의 삶을 평가할 자격도,
그 삶을 책임질 능력도 없기 때문입니다.
따라서 당신을 향한 사람들의 평가는 모두 무효입니다.
그렇다면 누구의 평가가 유효할까요? 바로 하나님입니다.
당신을 이 세상에 보내신 분, 당신의 주인,

당신과 교제하기 원하시는 분, 마지막 날에 당신을 심판하실
그 하나님의 평가만이 유효합니다.
당신은 하나님이 누구인지 알고 있습니까?
만약 모르고 있다면, 당신은 친아버지가 아들을 찾고 있음에도
온통 자기 삶만 열심히 행복하게 사느라 아버지를 찾을 생각을
전혀 하지 않는 아들과 같다고 할 수 있습니다.
당신은 결코 아버지 입장에서 칭찬할 수 없는 아들입니다.
당신의 삶은 첫 단추를 잘못 끼운 것과 같습니다.
둘째, 셋째 단추를 계속 끼우지만 여전히 모르는 상태입니다.
마지막 단추가 되어서야 알게 됩니다.
바로 당신의 육신이 삶을 마친 후에 말입니다.
단추를 잘못 끼웠음을 깨달았을 때는 너무 늦습니다.
지옥에 도착한 후이기 때문입니다.
하나님은 당신이 단추를 잘못 끼웠음을 깨닫게 하시려고
아들이신 예수님을 이 땅에 보내셨습니다.
당신이 지옥에 가는 것을 두고 볼 수 없기 때문입니다.
그리하여 당신이 받아야 할 죗값을 대신 치르게 하시고
그 예수를 믿음으로 당신이 천국에 오기를 기다리고 계십니다.
현실의 만족에서 끝내겠습니까? 그럴 수 없습니다.
예수를 믿으세요.
이 땅에서의 행복이 아닌 영원한 행복을 지금부터 누리도록
예수님이 당신의 삶을 인도해주실 것입니다.

061
/
일요일마다 하는
취미생활이 있어요

"저는 주말에도 할 일이 많아요. 주중에 바빠서 처리하지 못하고
미루어놓은 일들을 해결해야 해요. 나름 주말도 알차게 보내고
있는데, 그 생활 패턴을 군이 바꿀 이유가 있나요?"
당신에게는 교회에 나오지 못하는 나름의 이유가 있을 것입니다.
하지만 당신이 생각하는 이 타당한 이유가
전혀 통하지 않는 날이 오게 된다면, 어떡하시겠습니까?
단언컨대 그날은 반드시 옵니다.
그리고 죄송하지만, 그날은 당신에게 재앙의 날이 될 것입니다.
사람이 죽는 것은 하나님이 정하신 것입니다.
그 후에 또한 심판이 있습니다.
당신이 선택한 나름의 생활 패턴이 무슨 큰 죄라고
지옥 가는 벌을 받겠는가라는 의문을 가지실지 모르겠습니다.
그러나 당신은 당신이 좋다고 생각한 생활을 선택하고
그것에 따라 사느라 하나님을 당신 마음에서 쫓아냈습니다.
당신은 하나님이 통치하시도록 당신의 마음을 내어 드린 적이 없

습니다. 스스로 하나님이기를 자처하여 자신이 삶의 주인이자
왕으로 살아온 것입니다.

이제 하나님이 당신을 지옥으로 쫓아내실 차례입니다.

하나님은 거룩하신 분이기에 거룩하지 않은 당신은
하나님이 계신 천국으로 결코 갈 수 없습니다.

그러나 사랑이신 하나님은 당신이 지옥에 가는 것을 불쌍히
여기십니다. 어떻게 해야 지옥 가는 당신을 살릴 수 있겠습니까?

그래서 예수님이 당신이 죽어야 할 자리로 대신 가셨습니다.

당신의 이름표를 달고 십자가 고통을 당하셨습니다.

이 구원 프로젝트에 당신의 공로는 전혀 없었습니다.

당신이 할 일은 그저 하나님이 없이 살았던 지난날을
하나님 앞에 정직히 고백하고 회개하는 것뿐입니다.

그리고 예수님이 십자가에서 당신 죄 때문에 죽으실 때
당신도 함께 죽었음을 믿고, 다시 사신 예수님이
당신의 새 생명이 되심을 믿는 것뿐입니다.

그러면 당신을 살리기 위해 죽었다가 다시 살아나신
예수님이 당신 삶의 주인이 되셔서, 새로운 삶을 살게 됩니다.

하나님은 당신 때문에 천국 문을 열어주시는 것이 아닙니다.

당신 안에 생명으로 살아 계시는 예수님을 보시고 열어주십니다.

당신 안에는 예수님이 계십니까?

그러면 지금부터 예수님과 함께 천국을 누리고,
죽음 후 지옥을 면하고 영원한 천국을 누릴 것입니다.

062

/

고3 신을 섬기고 계십니까?

집에 고3이 있나요?

그 분 때문에 가족휴가도 반납하고,

엄마는 친구들 모임에도 빠지지 않았던가요?

'고3 신'이 진노할까봐 텔레비전 소리도 낮추고,

가족의 모든 식단은 고3 신이 좋아하는 위주로 돌아가고,

그의 성적에 온 가족이 전전긍긍하며

그 분의 한 해가 평안하게 흘러가기만을 손꼽아 기다리셨나요?

혹시 조기 유학도 시키고, 기러기 가족도 불사했습니까?

왜 당신은 자녀를 신으로 만들어 놓고 그 횡포에 떨었습니까?

당신의 자녀가 좋은 대학에 가기를 바라서였습니까?

그렇다면 좋은 대학에 가서는 어떠했습니까?

좋은 자리에 취직하기를 바랐습니다.

취직한 후에는 훌륭한 배우자를 만나기를 바랐습니다.

그 다음은 잘 먹고 잘살기를 바랐습니다.

아무리 고상하게 표현한들 이유는 하나였습니다.

결국 자식이 이 세상에서 잘 먹고 잘살도록 하려고

그렇게 받들며 모셨던 것입니다.

언뜻 보면 자식을 위한 대단한 희생 같지만

그 또한 자아만족을 위한 눈물겨운 노력일 뿐입니다.

다들 이렇게 사는데 무엇이 문제냐고요?

맞습니다. 모두 똑같습니다.

모든 인간의 관심사는 한결같이

무엇을 먹을까, 무엇을 입을까, 무엇을 가질까에 있습니다.

추구하는 형태가 좀 더 세련되느냐,

노골적이냐의 차이만 있을 뿐입니다.

그래서 모든 인간은 하나님의 심판을 받습니다.

자신의 만족만을 위해 살아온 자아숭배자들이기 때문입니다.

이러한 태도를 가진 사람은 하나님 나라에 합당하지 않습니다.

그렇다면 과연 어떤 사람이 하나님 나라에 합당합니까?

하나님과 사귐이 있는 사람입니다.

그래서 그분이 기뻐하시는 것에 관심을 두며 살았던 사람입니다.

하나님이 당신에게 무엇을 원하시는지 관심이 있습니까?

없다면 절망입니다.

그런 당신에게 주어지는 것은 영원한 지옥이기 때문입니다.

그러나 희망은 있습니다.

하나님을 전혀 모르고 사는 당신을 위해

하나님이 먼저 당신을 사랑하기로 결정하셨기 때문입니다.

그래서 당신이 받아야 할 하나님의 진노를
독생자 예수님이 대신 감당하게 하셨습니다.
이제 자아의 만족만을 위한 삶에서 돌이켜,
당신 대신 죽으시고 부활하신 예수님을
당신의 주인이며, 왕이자 새 생명으로 모셔야 합니다.
그러면 하나님이 당신 안에 계신 예수님을 보시고
천국에서 당신을 맞이해 주실 것입니다.

8장

볼 수 없는 것은 믿지 못하는 사람들

063

/

전 그냥 지옥 갈래요

당신은 지옥을 두려워하지 않을 만큼 담대합니까?

길을 걸을 때 물웅덩이가 있으면 피하여 걷고,

차가 달려오면 안전한 갓길로 급히 피하지 않으시나요?

당신은 본능적으로 자신의 안전을 지키는, 정상적인 사람입니다.

그런데 왜 지옥은 두려워하지 않을까요?

눈앞에 물웅덩이나 당신을 향해 달려오는 차는 눈에 보입니다.

하지만 지옥은 볼 수 없습니다. 그래서 지옥은 존재하지 않고,

지옥에 가도 괜찮다고 주장하시는 것이겠지요.

당신은 눈에 보이는 것만 실제로 존재한다고 주장하시겠습니까?

그렇다면 공기나 마음, 사랑은 존재하지 않는 것입니까?

이 큰 지구가 하루에 한 바퀴씩 스스로 돌아가고 있는 것이

눈에 보이지 않는데 그것은 어떤가요?

인간으로서는 그 크기를 다 알 수 없는 우주는요?

과학적으로 증명되는 것만 존재한다고 얘기하시겠습니까?

과학이 증명하기 전까지는 '없다'고만 하시겠습니까?

인간의 지혜는 참으로 보잘것없습니다.

그래서 증명하기까지 시간이 오래 걸릴뿐더러

다 증명해내지도 못합니다.

그만큼 하나님의 지혜는 크고 놀랍습니다.

그래서 하나님은 우리가 믿음으로 보기 바라십니다.

지옥은 있습니다.

믿음으로 먼저 본 제가 분명히 말씀드립니다.

지옥이 있음이 증명될 날이 분명 옵니다.

당신과 나의 죽음의 날이 바로 그날입니다.

그날은 하나님이 정하셨습니다.

그제야 '아! 정말 지옥이 있구나' 해도 이미 때는 늦습니다.

하나님이 정하신 당신 인생의 속도로,

지금 '지옥의 불못The lake of fire'이 당신을 향해 달려오고 있습니다.

지옥을 피하는 길은 당신 죄를 대신해 죽으신

예수 그리스도의 품 안으로 달려가는 것뿐입니다.

하나님이 그 예수님을 보시고

당신을 천국으로 인도하실 것입니다.

064

/

하나님이 계시면 보여줘요
믿을 수 있는 증거를 달란 말이에요

당신은 볼 수 없는 것은 모두 부정하시나요?

인간이 보고 듣는 것에는 한계가 있습니다.

매우 큰 소리나 매우 작은 소리를 들을 수 없으며,

매우 작은 것도 보지 못하고 무한하게 큰 우주도 볼 수 없습니다.

인간이 아메바에서 우연하게 진화된 존재라고 믿으시나요?

우리는 아무런 목적 없이 우연히 만들어진 존재가 아닙니다.

목적을 갖고 태어난 인생입니다.

당신을 만드신 그 하나님은 정말 알 수 없는 존재입니까?

하나님은 그분을 알 수 있도록 모든 만물 안에

그분의 능력과 신성을 두셨다고 하십니다.

하나님의 신성과 능력을 두신 설계도가 바로 DNA입니다.

모든 생물체는 그 자체에 DNA를 가지고 있습니다.

위대하다고 하는 인간의 과학이 손톱만한 반도체 칩에

책 2만 권의 정보를 담을 수 있다면,

당신의 손바닥 세포 한 개에는 1억 배 더 많은 DNA 정보가 담겨 있습니다. 이것이 우연히 만들어졌다고 생각하십니까?

모든 물건에는 설계도가 있습니다.

복잡한 것일수록 더 복잡한 설계도를 갖고 있습니다.

그렇다면 인간의 설계자는 어떤 분이어야 하겠습니까?

절대적 지혜자이신 창조주 하나님이 아니고는 불가능합니다.

우연히 만들어졌다는 주장은 상식적으로 동의할 수가 없습니다.

쇠 소각들이 바람에 날아가 어느 장소에 내려앉아 우연히

자동차 한 대가 만들어졌다는 주장이 더 가능성이 높습니다.

당신은 설계자의 의도대로 잘 살고 있습니까?

설계자가 있는 줄도 몰랐다고요?

당신의 설계자는 하나님이십니다. 그분을 만나셔야 합니다.

그분은 당신이 예수 그리스도를 통해 재창조되기를 바라십니다.

우연히 이루어진 인생인 줄 알고서 자신이 주인 되어 살아왔던

삶을 돌이키십시오.

예수 안에 있는 영생을 누리게 되기를 하나님이 바라고 계십니다.

065

/

하나님이란 존재를 이해할 수 없어요
이해할 수 없는데 어떻게 믿어요?

어떤 노인이 한 호숫가에서 낚시를 하고 있었습니다.

그런데 가만히 보니 이 노인의 행동이 이상합니다.

큰 물고기는 호수에 도로 놓아주고

작은 물고기만 잡아서 그릇에 넣는 것이었습니다.

이것을 이상하게 여긴 사람이 이렇게 물었습니다.

"왜 큰 것을 놓아주고 작은 것은 잡아 모으시나요?"

그러자 그가 대답했습니다.

"우리 집 프라이팬이 20센티밖에 안 돼."

노인의 기준은 20센티였습니다.

때문에 그보다 크면 수용할 수 없다고 생각했던 것입니다.

당신이 가진 고작 20센티미터짜리 프라이팬 때문에

이제껏 당신이 하나님을 만날 수 없었다는 사실을 아십니까?

당신의 경험이나 지식으로는 하나님을 담을 수 없습니다.

하나님을 이해할 수 없습니다.

당신이 무식해서가 아니라 그분은 하나님이시기 때문입니다.

하나님은 당신이 가진 프라이팬 안에 절대 들어가실 수 없습니다.

프라이팬을 더 큰 것으로 바꾸면 되지 않을까 생각하시나요?

그 어떤 노력으로든 그분을 담아내는 것은 불가능합니다.

그러나 그분을 알 수 있는 길이 있습니다.

그것은 당신이 가진 프라이팬을 부숴버리는 것입니다.

그리고 당신이 하나님의 품 안으로 달려가는 것입니다.

여기서 한 가지 문제가 있습니다.

당신의 힘으로는 프라이팬을 부숴버릴 수 없다는 것입니다.

프라이팬이 너무 단단하기도 하지만,

꼭 필요한 물건 같아 부숴버리기 싫어하기 때문입니다.

그래서 당신은 예수님께 자신의 프라이팬을 내밀며,

당신은 스스로 부술 수도 없고, 솔직히 부수고 싶지도 않다고

정직히 고백할 수 있어야 합니다.

그러면 예수님이 당신의 프라이팬을 부숴주실 것입니다.

그때 당신은 비로소 하나님의 품 안으로 뛰어들 수 있습니다.

하나님의 품 안에서 하나님의 심장을 느끼십시오.

그분이 세상을, 그리고 당신을 얼마나 사랑하시는지

느끼게 될 것입니다.

그분을 아는 사귐이 시작될 것입니다.

066

/

믿고 싶어도 믿어지지 않아요

'믿어지지 않아서 믿지 못 한다.'

맞는 말입니다.

그런데 왜 믿어지지 않을까요?

사람들에게는 세상을 바라보는 관점, 즉 세계관이 있습니다.

당신의 세계관은 당신의 모든 경험으로부터 형성되었으며

매우 주관적인 것입니다.

시간이 지나 그 세계관이 견고해질수록

다른 생각을 수용하는 데 어려움이 생기고,

자신이 경험하지 못한 것은 부정하게 됩니다.

당신은 타인의 생각을 수용하는 데 너그럽다고요?

그 말이 사실이라 해도, 당신의 세계관의 한계는

바로 당신이 '인간'이란 사실에 기인합니다.

인류의 모든 경험을 합쳐 당신의 세계관으로 삼더라도

당신은 신이신 하나님을 이해하지 못합니다.

인간의 유한한 세계관으로는 무한하신 하나님을 결단코

이해할 수 없습니다.

그렇다면 어떻게 하나님을 알 수 있단 말입니까?

뭘 모르면서 속이 좁아터진 사람과 이야기해 본 경험이 있나요?

'저 사람이 속이 좀 넓기만 해도 이야기가 통했을 텐데.'

이렇게 생각해보신 적이 있으실 겁니다.

그 사람이 뭘 모른다는 것은 아무런 문제가 되지 않습니다.

문제는 속이 너무 좁아서 도무지 들으려고 하지 않는 것입니다.

마찬가지입니다.

'속이 좁지 않으면'이라는 말은 '당신의 세계관을 고집하지 말고,

성경적 세계관에 관심을 두고 들으면'이라는 말과 같습니다.

그렇게 할 때 우리에게 하나님을 만날 여지가 생깁니다.

당신의 경험과 지식으로 보려는 속 좁은 시도는 이제 멈추세요.

성경적 가치관으로 세상과 하나님을 보세요.

그러면 하나님을 알게 됩니다.

하나님이 설명하시는 세상이 당신 눈에 들어오게 됩니다.

세상에서 가장 고등한 학문을 연구한 사람도

세상적인 세계관으로는 하나님을 만날 수 없습니다.

그러기에 하나님을 믿을 수 없습니다.

진정 하나님을 믿고 싶습니까?

그렇다면 성경을 통해 세계를 바라보십시오.

하나님은 거기 계십니다.

067

/

사육되는 꿩이 날지 못하는 이유

하늘이 보이면 날겠다고 하는 꿩 이야기를 들어보셨습니까?
사냥철에는 허가받은 사냥꾼들이 야생에서 꿩을 잡아
꿩고기를 즐깁니다.
그런데 꿩고기 전문 식당에 공급되는 꿩들은 사육합니다.
그 꿩들은 사육장에서 날아다니지 않습니다.
닭처럼 땅을 걸어 다니고 모이를 주워 먹으며 몸집을 키웁니다.
날개가 없는 것도 아니고 날 수 있는 근육이나 힘이 없는 것도
아닌데 꿩들은 날아오르지 않습니다.
그래서 생각보다 쉽게 사육할 수 있습니다.
사육되는 꿩들이 날아오르지 않는 이유를 아세요?
하나같이 선캡을 쓰고 있기 때문입니다.
그것 때문에 하늘을 볼 수 없고, 볼 수 없기에 하늘이 없다는
결론을 내리고 날아볼 생각조차 하지 않는다는 것입니다.
그저 좀 더 영양가 있고 맛있는 먹이를 찾아 경쟁할 뿐입니다.
그렇게 잘 먹고 발달한 자신의 근육과 깃털의 아름다움을 자랑하며

지내다가 때가 되면 죽음을 맞이하여 식당으로 팔려 나갑니다.
꿩이 선캡 때문에 하늘을 보지 못해도 하늘은 존재합니다.
우리의 죄도 그렇습니다.
죄는 하나님을 향한 우리의 눈을 가리지만 하나님은 계십니다.
당신의 선캡, 즉 당신의 죄를 단번에 벗어버릴 수 있도록
생명을 내주신 분이 있습니다.
하나님의 아들 예수 그리스도입니다.
그분은 죄가 전혀 없는 거룩한 분입니다.
그럼에도 당신을 위해 대신 하나님의 저주를 감당하셨습니다.
그분 덕에 당신은 해방되어 창공을 날 수 있습니다.
하나님을 만날 수 있습니다.
하나님을 부인하는 일생이야말로 선캡을 쓴 꿩의 일생과 같습니다.
이제 그만 그 삶에서 벗어나세요.
당신 대신 저주를 감당하신 예수님을 마음에 모셔 들이세요.
예수님만이 당신을 하나님께로 인도해주는 유일한 분이십니다.
하늘이 없다 생각하고 이 땅의 것만 추구하며 몸집만 키우다가
너무 허무하게 생을 마감하지 말기 바랍니다.
당신의 선캡을 벗겨주신 예수님을 바라보십시오.
그분의 손을 잡고 함께 창공으로 날아오르십시오.
당신이 볼 수 없어도 하나님은 살아 계십니다.

068

/

당신도 천국에 가보지 않았잖아요

보이지 않기 때문에 하나님을 믿을 수 없고,

가보지 않아서 천국과 지옥을 못 믿겠다는 당신에게

기독교는 정말 황당한 종교일 것입니다.

그러나 하나님은 인간 차원에서 경험할 수 있는 분이 아닙니다.

그분이야말로 인간이 아닌 참 신이기 때문입니다.

볼 수 없으니 존재하지 않는다고 결론내리는 것이 옳을까요?

달팽이는 몸을 바닥에 붙여 생활합니다.

즉, 2차원의 생활밖에 할 수 없고, 이해 차원도 2차원에 머뭅니다.

어느 날 어린아이가 달팽이 두 마리를 발견했습니다.

한 마리를 잡아 자신의 손바닥 위에 올려놓았습니다.

이때 잡히지 않은 달팽이는 자신의 옆에 있던 달팽이가

눈앞에서 사라진 것을 어떻게 이해할까요?

다른 달팽이가 아이의 손바닥 위에 존재하리라고 이해할 수 있을

까요? 우리는 당연히 달팽이의 이동을 이해할 수 있습니다.

왜냐하면 그 일은 우리 차원에서 이루어지는 일이니까요.

하지만 달팽이는 3차원의 인간 세계를 이해하지 못합니다.

마찬가지로 당신이 보여 달라고 하는 그 하나님은

당신이 전혀 이해할 수 없는 차원의 분이십니다.

그래서 하나님은 그분의 사랑을 당신이 이해할 수 있도록

대단한 희생을 치르기로 작정하셨습니다.

신이신 예수님이 직접 인간의 몸을 입고 이 땅에 오셔서,

죄인인 당신이 죽을 자리에 대신 서게 하신 것입니다.

이 예수님을 당신이 믿는다는 것은

달팽이가 사람의 손 위에 올라가는 것과 같습니다.

사람 손바닥에 얹혀야 사람을 경험할 수 있습니다.

그렇다면 당신은 어떻게 하나님을 경험할 수 있을까요?

예수님을 믿는 '믿음'으로 가능합니다.

예수님이 당신 대신 죽어주시는 은혜 없이는 지옥 갈 수밖에 없는

인생임을 깨닫는 그 믿음으로 가능합니다.

이 믿음의 눈을 소유한 자만이 하나님을 경험할 수 있습니다.

'친구 달팽이가 눈앞에서 사라졌으니,

그 친구는 이제 존재하지 않는다.'

보지 못하니 믿지 못한다는 당신의 주장은 위와 같습니다.

인간의 차원을 겸손히 받아들이고

하나님이 살아 계심을 인정하십시오.

그러면 하나님 차원의 영원한 구원의 생명줄을 보게 됩니다.

069

/

하나님을 보면 믿겠어요

도무지 믿어지지 않는데 자꾸 믿으라고 하니 난감하십니까?

그러나 하나님을 만날 수 있습니다.

바로 예수님을 통해서입니다.

예수님을 만나는 것이 곧 하나님을 만나는 것입니다.

어느 날 예수님의 제자들이 하나님을 보여달라고 요청했습니다.

그러자 예수님은 말씀하십니다.

"나를 보는 자는 나를 보내신 이를 보는 것이니라"(요 12:45).

예수님을 믿는 것은 하나님을 믿는 것과 같은 의미입니다.

그런데 하나님을 믿으면서 예수님의 자리에 인간을 넣어

이단 종교를 만드는 이들이 많습니다.

기독교는 정말 이단이 많습니다.

어쩌면 당연한 일일지도 모릅니다.

명품일수록 짝퉁이 많이 존재한다는 사실을 아시나요?

진리이므로, 비스무레한 가짜들이 극성을 부리는 것입니다.

"부처를 보여 달라! 그러면 불교 믿겠다."

이렇게 말하는 사람은 없습니다.

왜냐하면 부처는 역사 속 인물임을 모두 잘 알기 때문입니다.

그렇다면 예수님은 역사 속 인물이 아닌가요?

그분이 역사 속 인물임을 보여주는 확실한 증거가 있습니다.

오늘 날짜가 어떻게 됩니까? 당신의 생년월일은 어떻게 됩니까?

우리가 보는 날짜의 기준은 예수님이 이 땅에 오신 때입니다.

예수님이 오신 이후(AD, Anno Domini, '주님의 해'란 의미)로

몇 년 몇 월 몇 일이 지났다고 이야기하는 것입니다.

예수님은 전설의 고향 속에 등장하는 인물이 아닙니다.

그분의 탄생부터 십자가 죽음, 부활, 그리고 승천에 이르는

전 생애는 어느 구석에 숨어 살그머니 이루어진 일이 아닙니다.

많은 사람에 의해 공증되도록 수천 년 전부터 예언된 그대로

이루어진 역사 속 진실입니다.

왜 신이신 예수님이 인간의 몸을 입고 이 땅에 오셨을까요?

하나님을 보여주면 믿을 수 있겠다고 하는 당신을 위해서입니다.

하나님을 믿지 않아 지옥에 가게 될 당신을 살리고

하나님의 사랑을 직접 보여주시기 위해 이 땅에 오셨습니다.

이미 인간의 역사가 그 예수님을 만났고, 이제 당신 차례입니다.

예수님을 믿으세요.

그러면 그분을 보내신 하나님을 믿는 것입니다.

9장

믿기를
미루는
사람들

070

/

죄를 많이 지어서
교회에 못 가겠어요

죄를 좀 정리하고 오시겠다고요?

당신이 오해하는 것이 하나 있습니다.

교회는 죄 없는 의인이 가는 곳이 아닙니다.

교회는 죄 있는 사람들이 가는 곳입니다.

몸에 때가 많아 목욕탕에 못 가겠다는 말을 들으면 어떻습니까?

목욕탕에 가기 전에 집에서 씻고 가는 사람이 있습니까?

목욕탕은 씻을 필요가 있는 사람이 가는 곳입니다.

교회도 그렇습니다. 죄 있는 사람이 가는 곳입니다.

죄를 많이 지었다고 한다면, 반드시 교회에 오셔야 합니다.

이 세상에는 죄를 지은 사람이 가는 곳이 하나 더 있습니다.

바로 교도소입니다.

교도소는 죄인이 정해진 형벌의 기간을 다 채움으로

죗값을 치른 뒤에 풀려나는 곳입니다.

그러나 교회는 조금 다릅니다.

교회는 죗값을 당신이 치르도록 요구하지 않습니다.

이미 당신의 죗값을 다 치르신 분이 있기 때문입니다.

그분은 바로 예수 그리스도이십니다.

당신의 죗값은 죽음입니다.

태생적 죄인이기 때문에 죽어야만 그 죄가 사라집니다.

그래서 예수님이 당신을 대신하여 죽으셨습니다.

예수님을 믿는다면 당신은 그분과 함께 십자가에서 죽고

함께 다시 살아남으로 새로운 피조물로 거듭날 수 있습니다.

그러므로 교회는 예수님의 죽음으로 죗값을 치른 죄인,

하나님께 용서받은 죄인, 죄가 해결된 죄인의 모임입니다.

교도소 죄수는 형기를 마치고 풀려나야 자유를 누리지만,

인간은 하나님의 용서의 사랑 안에서 진정 자유를 누립니다.

죄를 끊고 난 뒤 예수를 믿겠다는 기대를 버리십시오.

당신의 힘으로는 불가능합니다.

죽음으로 대가를 치러야 할 만큼 끔찍한 당신의 죄를,

예수님이 이미 십자가에서 죽음으로 갚으셨습니다.

이제 당신의 죄를 하나님 앞으로 나아와 모두 고백하십시오.

그러면 하나님이 용서하시며,

다시는 죄의 종노릇 하지 않도록 당신을 인도하실 것입니다.

071

/

내가 특별하다고요?
전혀 그렇지 않은데요

다른 사람들은 인물도 잘나 보이고, 재주도 많은 것 같고,

공부도 잘하는 것 같고, 또 어떤 이는 운동 실력도 뛰어나고,

노래도 잘 부르는데 당신은 어느 것 하나 잘하는 게 없다고요?

그래서 때로 우울하고, 혼자 있는 게 더 편하다고요?

비슷하다고 생각되는 이들과만 어울리게 된다고요?

자신이 보잘것없는 사람 같다고요?

그것은 사실이 아닙니다.

당신은 하나님의 특별한 사랑으로 태어난 사람입니다.

하나님의 사랑으로 만들었는데 왜 잘난 구석이 없느냐고요?

사람이 잘 나고 못 났다는 기준은 누가 만든 것입니까?

모두 인간이 붙인 딱지입니다.

하나님은 못난 사람을 만드신 적이 단 한 번도 없습니다.

모든 인간은 하나님의 형상을 따라 특별하게 만들어졌습니다.

저마다 다른 개성을 가진 소중한 하나님의 작품입니다.

그러나 세상의 가치관에는 어떤 기준이 존재하고,

그 기준에 따라 우열이 존재합니다.

늘 그것에 의해 행복과 불행이 결정됩니다.

과연 그럴까요?

정말 모든 우위를 점령하면 행복할까요?

이렇게 생각하는 사람은 불행할 수밖에 없습니다.

인간이 행복해질 수 있는 길은 단 하나입니다.

그것은 바로 당신을 특별하게 만드신 하나님을 만나는 길입니다.

당신을 향한 그분의 사랑을 알면 알수록 당신은 행복해집니다.

하나님은 당신을 특별한 존재로 다시 회복시키기 원하십니다.

그래서 자신의 하나밖에 없는 아들 예수에게

당신의 죄를 담당시키셨습니다.

그 예수가 죽으셨다 다시 살아나셨습니다.

당신이 예수님을 영접할 때, 그분이 늘 함께하시면서

당신이 하나님의 특별한 사람임을 알려주십니다.

창조주 하나님이 당신을 통해 놀라운 일을 하실 것입니다.

놀라운 하나님의 사랑을 경험한 당신은

더는 하찮은 사람일 수 없습니다.

당신은 특별합니다.

이것이 당신을 만드신 하나님의 생각입니다.

072
/
저는 사랑받을 만한 일을
한 적이 없어요

누가 김소월의 시에, 베토벤의 작품에 손을 대겠습니까?

그렇다면 하나님의 작품인 당신은요?

당연히 그 누구도 손을 댈 수 없습니다.

당신을 만드신 하나님은 보시기에 좋다고 하셨습니다.

그래서 당신은 완벽한 존재입니다. 완전합니다.

당신의 가치는 손상되어서도 안 되고, 손상될 수도 없습니다.

하나님은 특별히 당신을 디자인하고 계획하여

이 땅에 태어나게 하셨습니다.

그럼에도 때로 당신 자신이 못나 보이고, 부족하게만 느껴지고,

어설픈 것 같고, 그래서 숨고 싶고 비참한 것은 왜일까요?

만드신 분이 '좋다'고 하신 완전한 작품이란 사실을 믿을 수 없는

이유는 무엇일까요? 바로 죄 때문입니다.

죄는 당신과 당신을 만드신 하나님 사이를 갈라놓았습니다.

하나님의 생각을 당신이 공유할 수 없게 된 것입니다.

죄는 하나님의 피조물인 당신이 하나님과 동등하게 되기를

바라는 마음에서 시작된 것입니다.

그래서 스스로 삶의 주인이 되며, 왕이 되기를 선택했습니다.

그러면 행복할 줄 알고 독립 선언을 했지만,

그때부터 모든 불행이 시작되었습니다.

왜냐하면 만드신 분의 매뉴얼을 벗어난 결과는 고장뿐이며,

그것이 불행이기 때문입니다. 당신은 완전히 고장 났습니다.

그래서 하나님의 완전한 작품에서 한참 벗어났습니다.

그러나 하나님은 당신을 버리지 못하십니다.

"여인이 어찌 그 젖 먹는 자식을 잊겠으며 자기 태에서 난 아들을 긍휼히 여기지 않겠느냐 그들은 혹시 잊을지라도 나는 너를 잊지 아니할 것이라"(사 49:15).

그분은 결코 당신을 내버려두지 않으십니다.

당신을 위해 독생자 예수를 보내시어 버림받게 하셨습니다.

그리고 당신을 매만져주십니다. 재창조하십니다.

당신을 재창조하는 일에 당신이 지불해야 할 것은 없습니다.

다만 하나님을 바라보고 그 사랑을 믿어야 합니다.

그러면 하나님이 디자인하셨던 완전한 모습으로,

그 누구도 손대지 못할 완벽한 작품으로 재탄생됩니다.

당신을 스스로 학대하지 마십시오.

그것은 당신을 만드신 하나님을 비난하는 것입니다.

정직하게 하나님 앞에 고장 난 자신의 상태를 아뢰십시오.

그분의 손에 맡기고 완전한 작품으로 회복되십시오.

073
/
내 인생은 싸구려예요

"얼마면 돼?"

드라마에서 재벌2세가 사랑하는 여인을 얻기 위해 했던 말입니다.

당신은 얼마면 되겠습니까? 당신의 값을 잘 따져보십시오.

당신을 아주 싸구려 취급하는 계산법이 있다는 것을 아십니까?

바로 진화론입니다. 진화론은 당신을 단백질 덩어리로 봅니다.

당신의 조상은 원숭이라고 합니다.

당신의 육체를 얼마든 실험 재료로 사용할 수 있습니다.

공산주의의 유물론, 히틀러의 유대인 대학살 등

인류 죄악이 지지하는 이론은 바로 진화론입니다.

적자생존, 어차피 강한 자만 살아남게 되어 있다며

강한 자의 횡포를 정당화하는 것입니다.

그래서 강자들은 당신을 싸구려 취급할 수밖에 없습니다.

그러나 사실은 당신에게 영원히 변하지 않을 값이 매겨져 있고,

그 값으로 당신을 사신 분이 계심을 알고 있습니까?

대체 그분은 얼마를 치르고 당신을 사셨을까요?

그 값은 정말 어마어마합니다. 우리의 상상을 초월합니다.

당신은 죄를 지었습니다.

"죄의 삯은 사망"(롬 6:23)입니다.

즉, 당신은 죽어 지옥으로 갈 수밖에 없습니다.

그런 당신을 구해내려면 당신의 죗값, 즉 죽음을 치러야 합니다.

누군가 당신 대신 죽어야 합니다.

누가 당신을 위해 죽어줄 수 있을까요?

당신을 많이 사랑하는 혈육이라 해도 불가능한 일입니다.

실은 그들 또한 자신의 죄로 인해 지옥에 가야 할 입장입니다.

대신 죽어줄 자격 자체가 안 됩니다.

당신을 위해 대신 죽어줄 수 있는 존재는 오직 한 분,

죄가 전혀 없으신 하나님의 아들 예수 그리스도뿐입니다.

그래서 예수님이 십자가에서 자신의 생명을 내놓아

당신 대신 죽어주셨습니다.

이제 당신의 값어치를 계산할 수 있겠습니까?

당신은 다시는 죄의 종노릇하며 살 수 없는 귀한 존재입니다.

예수님을 당신의 마음속으로 모셔 들이세요.

당신의 마음속에 있는 예수 생명의 값이 당신의 영원한 값입니다.

당신은 천 억짜리입니까? 아닙니다.

천억은 너무 쌉니다.

당신은 하나님의 아들 예수짜리입니다.

074
/
저는 능력이 안 돼서
교회 가기 곤란해요

"교회에 나가면 헌금도 해야 하고, 내세울 게 있어야
하지 않나요? 나 같은 초라한 사람이 가기엔 망설여져요."
당신은 크게 오해하고 있습니다.
교회는 천국의 모형으로, 하나님이 지상에 주신 것입니다.
학력이나 재물, 명예, 지위 등의 자격 요건은 필요하지 않습니다.
교회에서 헌금이나 재력, 또는 봉사로 자신을 드러내는 행위는
하나님이 아주 싫어하시는 모습입니다.
반대로 자신이 초라하다고 생각하여 주눅 드는 것도 싫어하십니다.
왜냐하면 하나님은 우리를 귀한 존재로 생각하고 사랑하셔서,
값비싼 대가를 치르고 우리를 사셨기 때문입니다.
당신을 위해 하나님은 독생자의 생명을 대가로 치르셨습니다.
당신이 죽어야 할 그 자리에 예수님을 대신 내주고
당신을 사셨습니다. 그렇게 당신은 귀한 존재입니다.
하나님은 그분의 형상을 따라 당신을 지으셨고,
교제와 사랑의 대상으로 삼으셨습니다.

그러나 당신은 마음에 하나님 두기를 싫어하고,
스스로 하나님이 되고 싶어서 배신의 길을 택했습니다.
이쯤 되면 어떤 조처가 취해져야 마땅한가요?
인간의 이해로는 배신에 해당하는 벌을 내려 싹 쓸어버려야
마땅합니다. 그러나 하나님은 용서를 택하셨습니다.
다만 이렇게 하려면 한 가지 과정이 필요합니다.
공의의 하나님, 죄를 싫어하시는 하나님으로서는
당신의 죄를 그냥 용서할 수 없기 때문입니다.
그래서 하나님은 죄가 전혀 없으신 예수님을
당신이 죽어야 할 자리로 대신 보내셨고,
예수님은 묵묵히 그 자리에서 십자가형을 감당해내셨습니다.
하나님은 당신의 재력, 학력, 외모, 능력 같은 것에
전혀 관심을 두지 않으십니다.
다만 당신이 '아들 예수의 피로 씻긴 사람인가 아닌가?
죄를 용서받은 사람인가 아닌가?'에만 관심을 두십니다.
당신이 하나님 앞으로 나아오는 데는 아무런 조건이 없습니다.
내가 죄인이라는 사실, 그래서 예수 그리스도를 통해 이루신
구원이 절실히 필요한 존재임을 인정하기만 하면 됩니다.
이제 오해를 거두세요. 그리고 하나님 앞으로 나아오세요.
당신을 환영합니다.

075

/

나 같은 사람도
구원받을 수 있을까요?

"교회는 착한 사람이나 가는 곳 아닌가요? 내가 어떤 인간인 줄
알게 되면, 교회에서 나를 내쫓으려 할 겁니다."
그렇지 않습니다. 교회는 당신 같은 분을 환영하는 곳입니다.
'그 어떤 인간'이든 하나님이 품지 못하실 인간은 없습니다.
교회야말로 당신 같은 사람들을 기다리는 곳입니다.
사실 교회에는 당신과 똑같은 사람들이 가득 차 있습니다.
저 또한 그들 중 하나입니다.
교회는 천국에 갈 자격이 전혀 없는 죄인들이 모인 곳입니다.
이들은 죄인이긴 하지만, 그 죄를 용서받은 사람들입니다.
죄를 짓지 않은 것이 아니라 지은 죄를 용서받았다는 말입니다.
이제 당신도 당신의 죄를 용서받으면 됩니다.
어떻게 해야 끔찍한 모든 죄를 용서받을 수 있을까요?
당신은 이런저런 죄를 지었으므로 죄인이 된 줄 알지만,
실상은 죄를 지을 수밖에 없는 DNA를 갖고 태어났기 때문에
죄인이 된 것입니다.

모든 인간에게는 조상 아담이 물려준 죄성이 있습니다.

그래서 환경에 따라 덜 짓고 더 짓고의 차이가 있을 뿐

모든 인간은 죄를 짓습니다.

우리는 그 죄의 차이를 대단하게 여기지만,

하나님께는 모두 똑같은 죄인일 뿐입니다.

그리하여 모든 인간은 지옥에 갈 수밖에 없습니다.

그런데 당신과 제게 기쁜 소식이 하나 있습니다.

지옥에 가지 않을 길이 있다는 사실입니다.

당신의 죄를 대신해서 형벌을 받은 분이 계십니다.

바로 하나님의 아들 예수 그리스도입니다.

하나님은 당신의 죄를 향한 진노를 아들 예수님께 쏟아부어

십자가에서 당신 대신 죽게 하심으로 당신을 택하셨습니다.

이제 당신의 죄를 회개하고 다시 사신 예수를

당신의 새 생명으로 받아들인다면, 예수님이 당신의 주인이 되셔서

천국의 새로운 삶으로 당신을 인도하실 것입니다.

이 사실을 믿는 사람들이 모인 곳이 바로 교회이고,

이 사실을 믿고 싶어 모인 곳이 교회입니다.

그러니까 교회는 당신이 꼭 와야 할 곳입니다.

교회는 거룩한 사람이 모인 곳이 아닙니다.

용서받은 죄인들, 용서받고 싶은 죄인들이 모이는 곳입니다.

이제 천국을 준비하신 하나님의 품 안으로 들어오세요.

그분의 용서에는 조건이 없습니다.

076

/

매주 교회에 나가는 것이 부담돼요

예수님을 믿으면 이제까지의 스케줄에
큰 변화가 생길 거라고 생각하시는군요.
맞습니다. 큰 변화가 생깁니다.
그러나 당신 인생에 있어서 시간 스케줄이 확연하게 변한
사건이 전혀 없었습니까? 아닐 겁니다.
엄마 치맛자락에만 매달려 있다가, 학교라는 곳에 들어가
많은 시간을 보내게 된 시기가 있었습니다.
그 일은 당신의 의사와 상관없이,
부모와 사회의 결정에 따라 일어난 일이었습니다.
사춘기 때는 어땠습니까?
친구들과 보내는 시간이 너무 좋아서,
가족들과 함께하는 시간을 거절한 때도 있었습니다.
성인이 되어 사랑하는 사람과 데이트할 때는 어땠습니까?
스케줄이 엉망이 되어도 모든 것을 기꺼이 감수했습니다.
연인을 만나기 위해 모든 불가능을 가능으로 만들었습니다.

매일 만나도 좋고 하루에 두 번을 만나도 좋았습니다.
상대방이 만나는 시간을 줄이자고 하거나 금방 헤어지자고
하면, 사랑이 식은 건 아닌지 의심하게 될 정도로요.
예수님을 믿는다는 것은 그보다 더 기쁜 일입니다.
하나님과 완전히 화해하는 사건이기 때문입니다.
하나님을 마음에 두기 싫어하여 죄인으로 살았던 당신이,
죽음으로 대신 죗값을 치르신 예수님으로 말미암아
하나님과 화해하게 되었습니다.
예수님을 영접하는 것은 하나님의 자녀로 살아가는
새롭고 행복한 스케줄을 갖게 되는 것입니다.
매주 교회 가는 것이 너무 자주 일어나는 일이라거나
쓸데없이 시간이 너무 많이 든다는 생각이 전혀 들지 않습니다.
하나님을 사랑하므로 시간이 아깝지 않습니다.
이제까지 그 어떤 연인도 주지 못한 행복을 느낄 수 있으므로,
평생 함께 시간을 보내도 전혀 아깝거나 지루하지 않습니다.
교회는 매일 가도 또 가고 싶은 곳입니다.

077
/
밤하늘 곳곳의
붉은 십자가가 싫어요

뉴욕의 교도소에서 형기를 마치고, 아내가 있는
플로리다로 가는 버스에 오른 '빙고'라는 남자가 있었습니다.
자신의 죄 때문에 가정이 망가진 것을 미안하게 생각했던 그는
아내에게 자신을 잊고 새 출발하라고 말했고,
이미 3년이나 소식이 끊어진 상태였습니다.
그러나 아내가 자신을 용서하고 받아주는 표시로
집 근처 길가 참나무에 노란 리본을 달아놓으면
집으로 돌아가겠노라고 했기 때문에,
초조한 마음으로 창밖을 내다보고 있었습니다.
리본이 걸려 있지 않으면 그대로 버스를 탄 채
집을 지나치기로 하고서 말입니다.
집 근처에 다다랐을 때 그는 깜짝 놀랄 수밖에 없었습니다.
그의 눈에 온통 노란 리본으로 뒤덮인 참나무가 보였기 때문입니다.
노란 리본 하나만 달아놓아서는 눈에 띄지 않아
그냥 지나칠지도 모른다고 생각한 그의 아내가

오래된 참나무에 노란 리본을 잔뜩 걸어둔 것입니다.

십자가가 너무 많다고요?

십자가는 하나님이 당신을 용서하여 부르신다는 표시입니다.

당신이 못 보고 그냥 지나칠까 봐

하나님이 그렇게 많이 걸어놓으신 겁니다.

참나무에 노란 리본이 아무리 많이 달려 있어도

빙고가 고개를 들고 보지 않았거나 반대 방향을 보고 있었다면

아내가 그를 용서했다는 표시, 노란 리본을 보지 못했을 겁니다.

당신도 십자가를 바라보아야 합니다.

빙고가 노란 리본을 바라보았듯이 말입니다.

당신에게는 하나님의 용서가 절실히 필요합니다.

왜냐하면 당신에게도 분명히 육체의 죽음이 찾아올 것이고,

그 후에 심판이 있을 것이기 때문입니다.

심판을 면하려면 죄를 용서받아 깨끗해져야 합니다.

무슨 죄를 용서받아야 하냐고요?

하나님을 싫어해서 자신이 주인 되어 살아왔던

삶에 대한 용서입니다.

당신의 모든 죄는 당신의 마음에 하나님 두기를

싫어한 것으로부터 시작되었습니다.

그러나 예수님이 당신 대신 죽음의 형벌을 받고

하나님으로부터 용서를 얻어 당신에게 선물로 주셨습니다.

이제 그 선물을 받으시면 됩니다.

당신의 삶을 돌이켜 예수님을 믿을 때,
이 용서의 선물이 진정 당신의 것이 됩니다.
그러면 다시 사신 그 예수님이 당신의 새 생명이 되어주셔서
당신이 새로운 삶을 살게 됩니다.
용서의 붉은 십자가, 그냥 지나치지 마세요.
하나님의 용서를 받아들이세요.

078

/

교회에서는 요구하는 게
너무 많아요

"이건 해야 하고, 저건 하면 안 되고, 도대체 자유가 없어요.
이제까지 자유롭게 잘 살아왔는데, 구속받는 것 같아서 싫어요.
교회에 나가면 지금까지 좋았던 내 삶을 끝내야 할 것 같아서
마음이 내키지 않아요."
맞습니다.
교회에 가게 되면, 지금까지 삶의 패턴이 바뀔 것입니다.
그런데 당신이 지금까지 살면서 무언가를 결단하여 생긴
삶의 패턴의 변화를 돌아보십시오.
상급학교의 진학이나 결혼, 자녀의 출생 같은 것이
당신에게 주는 부담이나 긴장은 만만치 않았습니다.
그러나 그런 부담을 뛰어넘어야 하는 이유와 유익을
잘 알았기에 당신은 변화를 마다하지 않았습니다.
독수리 타법을 고수하는 사람이 있습니다.
"왜 꼭 정해진 손가락으로 정한 자판만 눌러야 하죠?
독수리 타법도 재미있고 자유로워요."

하지만 그는 독수리 타법이 진정한 자유와 재미가 될 수 없다는
사실을 곧 실감하게 될 것입니다.
길거리 노숙자를 위해 거처를 마련해주었는데,
다시 노숙 생활로 돌아간다는 얘기를 종종 듣게 됩니다.
행려자일 때는 필요치 않았던 것들이 주어진 생활공간에서
모든 게 구속으로 느껴진 것입니다.
가족 중 한 사람이 이런 이유로 노숙자가 되기를 원한다면
허락하시겠습니까? 당신이 생각하는 '자유'도 이와 같습니다.
예수님을 믿는다고 해서 자유가 박탈되는 것이 아닙니다.
예수님을 믿는 사람에게 물어보십시오.
마음대로 살았던 예전의 삶이 그리운지 말입니다.
다들 아니라고 대답할 것입니다.
더 나은 가치의 아름다운 삶을 제대로 누려본 사람은
다시 하향하는 것을 싫어합니다.
예수 그리스도가 주인 되는 삶은 아름답습니다.
가장 가치 있는 삶이며, 진정한 자유가 있는 삶입니다.
예수님은 당신을 묶고 있는 죄의 사슬을 풀어
당신에게 자유를 주기 위해 목숨을 바치셨습니다.
그 예수님을 당신 삶의 주인으로 모셔 들이세요.
그분만이 당신을 진정으로 자유롭게 하시며,
당신을 하나님께로 인도하실 유일한 분입니다.

079

/

교회 꼭 가야 돼요?
그냥 믿기만 하면 안 되나요?

"하나님을 믿는 것은 좋을 것 같습니다. 그런데 교회를 다녀야

한다는 것은 상당히 부담스러워요. 저는 낯가림도 심하고,

사람들과 함께 무얼 해야 하는 것이 꺼려져요."

당신의 성향이 어떠한지 조금 이해할 수 있을 듯합니다.

한 번도 겪어보지 못한 환경에 들어가서 새로운 관계를 맺기가

어색하고 조금은 두려울 것입니다.

하지만 당신의 주장은 "꼭 결혼해야 하나요? 그냥 사랑하며 함께

지내도 좋지 않나요?"라는 것과 비슷합니다.

결혼으로 맺어진 새로운 가족관계는 어색하고 힘들 수 있습니다.

그런데도 사람들은 왜 결혼을 할까요?

결혼이 가져다주는 유익과 행복이 다른 부정적인 요소를

불식시키고도 남기 때문입니다.

오히려 부정적인 요소라고 생각했던 것들을 통해 한 사람의

인격이 성장하게 될 수도 있습니다.

물론 그렇더라도 결혼은 할 수도, 하지 않을 수도 있습니다.

누구나 그 선택권을 주장할 권리가 있습니다.

그러나 교회는 선택권을 운운할 수 있는 곳이 아닙니다.

하나님을 믿는 사람들의 당연하고 자연스러운 연합입니다.

가족이 서로 연락하여 안부를 묻는 것은

연락해야 할 의무가 있기 때문이 아닙니다.

사랑의 연합 때문에 서로의 안부가 궁금한 것입니다.

교회 또한 한 가족이 된 구성원의 자연스러운 연합입니다.

함께 하나님의 자녀가 되었으므로,

함께 모여 하나님께 예배드리고

형제자매로서 교제를 원하게 되는 것입니다.

하나님이 당신을 사랑하셔서 독생자를 내어주셨다는 것,

그로 인해 당신이 지옥에서 천국으로 옮겨졌음을 믿으십니까?

같은 사랑을 받은 당신의 형제자매가 있다는 사실을 아십니까?

당신은 달려가 그들을 확인할 수 있습니다.

그들의 존재는 당신에게 큰 감격이 될 것입니다.

하나님이 죄인을 사랑하신 증거를 말하는

또 다른 나를 보는 것은 무엇보다 큰 기쁨입니다.

형제자매가 연합하는 아름다운 교제를 포기하지 마십시오.

그것은 하나님 아버지의 뜻입니다.

080

/

교회 가면 헌금 같은 걸로
돈이 많이 들잖아요

당신의 판단은 지극히 이상적입니다.

돈을 잘 버는 독신 남성이 있었습니다.

그는 자신이 결혼을 하면 아내와 돈을 나눠 써야 할 것이고,

더군다나 자식이 생기면 자신의 돈을 축내리라 생각했습니다.

그가 이 이유로 결혼을 하지 않기로 결정한다면,

옳은 결정이라고 지지하겠습니까?

당신의 자녀가 이런 이유로 독신을 고집한다면요?

아마 지지할 사람은 별로 없을 것입니다.

왜냐하면 아내나 아이는 돈을 축내는 존재가 아니기 때문입니다.

오히려 그들의 존재는 열심히 살고 싶은 이유가 됩니다.

내가 힘들게 번 돈을 그들이 사용함으로

통장 잔고가 줄어들 텐데도 왜 그럴까요?

그들을 사랑하기 때문입니다.

사랑하는 대상에게 돈을 쓰는 것은 오히려 기쁨입니다.

아까울 것이 없습니다.

사랑하는 이에게는 무엇이든 주고 또 주고 싶고,

그들을 위해 일하는 것은 부담이 아닌 행복이기 때문입니다.

교회생활을 시작했어도 하나님의 크신 사랑에

온전히 반응하기 전까지는 헌금이 부담스럽습니다.

그러나 속지 마십시오.

아들 예수의 목숨까지 내주면서 당신을 구원하기 원했던

하나님이 원하시는 것은, 당신 주머니 속의 돈이 아닙니다.

바로 당신의 마음입니다.

헌금은 우리 마음의 표현이고, 하나님은 그 마음을 받으십니다.

헌금은 다른 사람 눈치 봐가며 하는 것이 아닙니다.

'난 이 정도 낼 수 있다'라고 자랑하며 내는 건 더더욱 아닙니다.

교회 재정에 기여하기 위함도 아니며,

교회에서 받는 교육과 훈련에 대한 수업료도 아닙니다.

하나님은 당신이 진정 그분을 사랑하게 될 때까지 기다리십니다.

당신의 마음을 기다리십니다.

당신을 향한 그분의 사랑은 매우 큽니다.

당신이 가진 전부를 내놓아도 그 사랑을 갚을 수 없습니다.

하나님은 많은 헌금이 아니라 당신 자신을 바라고 계십니다.

하나님의 그 사랑이 어떠한 것인지 깨닫게 되면,

하나님께 사랑으로 반응하게 될 것입니다.

그럴 때 헌금은 부담이 아니라 기쁨이 됩니다.

081

/

교회 나갔다가
너무 빠질까 봐 염려돼요

"믿더라도 적당히 믿어야 할 텐데,

너무 빠져들어서 내 삶이 뒤죽박죽되면 어떻게 해요."

당신의 걱정과 우려를 충분히 이해합니다.

이른바 교회에 너무 빠져들어 나타나는 부작용이 염려된다면,

그것이 정말 부작용이라면, 당연히 빠져들어서는 안 되겠지요.

그러나 '빠져들었다'는 표현과 함께 도매금으로 넘어가서는

안 되는 것이 있습니다. 바로 '자연스러운 열정'입니다.

사랑에 빠진 연인들은 매일 만나는 것도 불사합니다.

부모에게 선물 한 번 안 하던 녀석이

여자 친구에게는 선물 공세를 퍼붓습니다.

이것을 부작용이라 말할 사람이 있을까요?

인간이 인간을 사랑하게 되면, 전에 없던 열정이 생겨납니다.

하물며 하나님의 크신 사랑을 깨달은 사람이

가만히 있을 수 있을까요?

하나님의 사랑을 깨달으면 여러 가지 분명한 변화가 일어납니다.

가장 크게는 가치관이 변화합니다.

이 변화는 시간이나 돈, 그 밖의 모든 영역에 영향을 미칩니다.

제3자가 보기에는 "너무 빠진 것 아닌가?" 우려할 수 있습니다.

당신이 말하는 '부작용'의 기준은 무엇인가요?

가장 중요한 것은 얼마나 빠져들었느냐가 아닙니다.

무엇에 빠졌느냐입니다.

마약이나 알코올에 빠져든 인간의 결말은 파멸뿐입니다.

반면에 예술에 빠져든 사람에게서는 위대한 작품이 탄생합니다.

당신이 빠져도 좋을 것, 아니 꼭 빠져야 할 것이 있습니다.

바로 하나님의 사랑입니다.

그 사랑이 당신을 영원한 생명의 길, 천국으로 인도해줍니다.

너무 깊이 빠져들까 봐 염려하지 않아도 됩니다.

하나님의 사랑에 푹 빠질 것을 권유받아 온 당신에게 있어서

늘 문제는 못 빠지는 것, 안 빠지는 것이었습니다.

일부 성경에 근거하지 않은 주장에 빠진 사람들이 있긴 합니다.

폐쇄적 공동체를 형성하여

부작용을 초래하는 믿음은 잘못입니다.

하나님의 사랑은 당신을 세우고 가족을 세우고 이웃을 세웁니다.

하나님의 사랑 안에 풍덩 빠질 수만 있다면,

당신은 그 누구보다 복 있는 사람입니다.

082

/

이 나이 들어서 뭘 바꿔

"난 변화가 싫어. 그냥 살던 대로 살다 갈 거야."

맞습니다.

죽음이 끝이라면, 굳이 무얼 바꿀 필요가 있겠습니까?

그런데 죽음이 과연 끝일까요?

죽음이 끝이라는 주장은 모두 지금 살고 있는 사람들,

즉 아직 죽지 않은 사람들이 하는 말일 뿐입니다.

배 속에 있는 아기가 바깥세상의 존재를 인식할 수 있을까요?

엄마의 산도를 통해 바깥세상으로 나올 때,

'난 이제 끝이구나'라고 생각했을지 모릅니다.

좁은 산도를 통해 아기의 머리가 눌려져 나온 것으로 짐작할 때,

아마 아기들도 죽음에 가까운 고통을 느끼며 나왔을 것입니다.

뼈로 된 머리 형태가 변할 정도이니,

아기로서는 죽음과도 같은 느낌일지 모릅니다.

그러나 죽을 거라고 생각했던 그 시간이 지난 후

아기는 완전히 다른 세상의 삶을 살게 됩니다.

10개월보다 훨씬 긴 100년의 삶을 살게 됩니다.

아기들이 엄마 배 속에서 지내는 10개월은 결코 끝이 아닙니다.

우리 삶도 그렇습니다.

"죽으면 끝이야"라고 말한다고 해서 그것이 끝은 결코 아닙니다.

죽음을 통과하면 또 다른 삶이 시작됩니다.

영원의 삶이 시작됩니다.

따라서 당신은 새로운 삶을 설계해야 합니다.

새로운 삶은 하나님과 영원히 함께하는 삶입니다.

그런데 당신에게는 한 가지 문제가 있습니다.

죄 많은 당신은 거룩하신 하나님과 함께할 수 없다는 점입니다.

그러나 이 문제를 해결하신 분이 계십니다.

바로 예수님입니다.

그분은 당신 대신 죄를 지고 죄의 삯인 죽음을 택하셨습니다.

그리고 당신과 하나님을 화해시켜 천국을 준비하셨습니다.

우리를 죽기까지 사랑하신 예수님을 믿으세요.

예수님이 치르신 죽음의 값을 보신 하나님이

아무런 조건 없이 당신을 구원해주십니다.

당신은 새 삶을 준비하는 엄마 배 속의 태아와 같습니다.

준비하십시오.

아니, 준비는 이미 예수님이 다하셨으니,

예수님을 믿어 새 생명의 기쁨을 지금부터 누리세요.

083

/

당신은 준비되었습니까?

"READY!"

이 말은 무언가를 시작하기 전에 하는 말입니다.

육상경기에서 출발을 알리는 총을 쏘기 전에 외치는 말입니다.

수능을 치르기 전에 12년의 학교생활을 보내야 합니다.

무슨 일이든 아무런 준비 없이 이루어지지 않습니다.

준비 시간이 없다면, 우리는 당황할 수밖에 없고

결과 또한 만족스럽지 못할 것입니다.

취업 시험을 준비하지 않으면 당연히 낙방할 수밖에 없습니다.

운동선수가 훈련을 열심히 하지 않으면 결과는 뻔합니다.

당신은 어떤 준비의 시간을 보내고 있습니까?

우리에게는 꼭 준비해야 할 일이 하나 있습니다.

우리 삶의 정말 중요한 준비입니다.

그 일은 반드시 일어날 것입니다. 바로 죽음입니다.

우리는 죽음을 준비해야 합니다.

수의나 영정사진을 준비하라는 말이 아닙니다.

당신의 재산을 정리하라는 말도 아닙니다.

따지고 보면 그런 일들은 살아 있는 사람들의 일이지,

죽은 후의 당신과는 아무런 관련이 없습니다.

제가 말하는 준비는 당신 자신을 위한 준비입니다.

천국과 지옥은 엄연히 존재합니다.

하나님은 당신이 지옥에 가지 않도록 당신에게 시간을 주셨습니다.

당신 일생을 통해 그 준비를 하게 하셨습니다.

주위 사람들을 통해 "예수 믿고 천국 오라"는 초청의 전갈을

보내셨습니다. 어떻게 해야 천국 갈 준비를 할 수 있을까요?

예수님을 믿으면 됩니다.

그분은 하나님이시면서도 인간의 몸으로 이 땅에 오셔서

십자가 형벌로 당신의 죗값을 대신 갚아주셨습니다.

죽기까지 당신을 사랑하신 그 예수님을 믿기만 하면 됩니다.

당신이 스스로 애써 준비해야 할 것은 아무것도 없습니다.

당신을 위해 피 흘리신 예수님이 대신 준비하셨기 때문입니다.

당신은 그저 믿음의 준비만 하면 됩니다.

하나님이 오늘 당신에게 물으십니다.

"너, 준비됐느냐?"

084

/

당신은 지금 어디로 가십니까?

"어디 가십니까?"

택시를 탄 승객에게 운전기사가 묻는 말입니다.

그런데 목적지를 모른다면 어떻게 해야 할까요?

일단 내려서 분명한 목적지를 정해 다른 택시를 타야겠죠.

그러나 한 번뿐인 인생이 어디로 가는지 모른다면요?

무작정 열심히 살면 되는 걸까요?

남에게 피해주지 않고 열심히 착하게 살았는데

그 목적지가 지옥이라면 어떡하시겠습니까?

당신이 탄 비행기의 좌석이 일반석이든 일등석이든

비행기를 내린 후 입국 심사대에 서게 됩니다.

당신이 통과할 곳은 내국인 문 아니면 외국인 문 딱 두 곳이듯이,

열심히 살았든, 피해를 안 주고 살았든, 착하게 살았든

죽음 후 통과해야 할 문은 천국 아니면 지옥입니다.

하나님 나라 백성은 천국에 갈 것이며,

하나님을 마음에 두기 싫어하는 사람은 지옥에 갈 것입니다.

하나님 나라 백성은 하나님의 통치를 받으며 산 사람입니다.

그는 이 세상 여행이 끝났을 때 고향인 천국으로 돌아갑니다.

하나님을 싫어하여 그분의 통치를 받아들이지 않았던 사람은

하나님의 백성이 아니므로 당연히 천국으로 입국할 수 없습니다.

그러나 아직 기회는 있습니다.

하나님 나라 백성이 될 기회가 있습니다.

당신이 저지른 반역의 죗값을 예수님이 대신 치르셨기 때문입니다.

예수님 덕에 하나님과 화해할 길이 열렸습니다.

하나님은 당신이 그분의 통치 안에 오기를 초청하고 계십니다.

하나님의 통치 안으로 들어가면, 입국 심사대에서

예수님의 피로 물든 여권을 당당히 내밀 수 있습니다.

당당히 심사를 통과하여 천국 문 앞에 서게 됩니다.

예수님을 믿으세요.

그분이 건네주시는 피 묻은 여권을 받으세요.

"어디로 가십니까? 목적지가 어딥니까?"

이렇게 물어올 때 당당히 대답하십시오.

"저는 하나님 나라 백성입니다. 당연히 제 목적지는 천국입니다."

085

/

당신더러 죄인이라고 말하니
기분이 나쁘신가요?

당신이 의사이고 당신 환자의 목숨이

경각에 달린 상태라고 가정해봅시다.

병을 치료하기 위해 환자에게 지금의 상태를 알리는 것이

유익하다면, 환자에게 위중한 상태를 알리는 것을

한시라도 꺼리겠습니까?

더욱이 환자가 의사의 지시를 따르기만 해도 완치가 보장된다면,

당연히 환자에게 병명을 정확히 알리고 합당한 지시를 내리겠지요.

양심적인 의사라면 반드시 그렇게 할 것입니다.

"적당히 맛있는 것 드시다가 가실 때 되면 저 세상으로 가시라."

이렇게 말할 의사는 없을 것입니다.

당신은 지금 죄로 말미암아 병들어 위중한 상태입니다.

죄는 당신이 죽은 후 당신을 지옥으로 보낼 치명적인 병입니다.

문제는 당신이 언제 죽을지 모른다는 사실입니다.

당신이 오늘 갑자기 죽을 수도 있습니다.

그래서 당신이 듣기 싫어하고 기분 나쁠 것이 분명해도

당신이 죄인이라고 당신의 병명을 알려드리는 것입니다.

그러나 절망할 필요는 없습니다.

확실한 치료법이 있고,

당신이 살아날 좋은 소식이 있기 때문입니다.

당신의 모든 죄를 단번에 해결해줄 수 있는 분이 계십니다.

바로 예수 그리스도입니다.

그분은 당신의 병을 당신 대신 짊어지셨습니다.

당신이 받아야 할 하나님의 진노를

십자가 죽음으로 감당하셨습니다.

그래서 예수님을 믿으면,

당신을 지옥에 보낼 그 죄의 병으로부터

놓임을 받아 회복되고 천국의 새 삶을 살 수 있게 됩니다.

당신이 죄인이라는 말은

당신이 빨리 죄에서 건짐을 받기 원한다는,

즉 당신이 천국에 가기 원한다는 표현이자

당신의 심각한 영적 건강 상태를 알려주는

명의名醫이신 예수님의 진단입니다.

그분만이 당신을 치료하실 수 있습니다.

예수님 앞으로 나오세요. 그리고 죄의 병을 고침 받으세요.

086

/

그때를 위해
준비하고 계십니까?

우리는 마치 먹고 마시고 학교 가고 일하고

집 사고 차 사고 결혼하려고 태어난 것처럼 삽니다.

이런 일로 염려하고 애쓰면서 기뻐하고 슬퍼하며 마음을 쏟습니다.

모든 생각과 행동은 좀 더 편하고, 좀 더 즐겁고,

좀 더 나은 나를 위한 것입니다.

범위를 넓히자면 나의 가족까지 해당됩니다.

죄를 지은 것도 아니고 그저 열심히 살고 있다고요?

당신이 하나님 앞에 설 일이 없다면,

제 말은 쓸데없는 시비에 지나지 않을 것입니다.

그러나 모든 사람에게 죽음이 찾아오고

그 후에는 심판이 있습니다.

누가 그 심판을 할까요? 하나님입니다.

대체 하나님이 누구신데 당신을 심판한다는 걸까요?

그분은 당신을 이 땅에 보내신 분입니다.

이 땅에서 당신의 삶의 목적과 이유를 부여하신 분입니다.

그렇기 때문에 그분은 당신이 살았던 이 땅의 삶에 대하여
심판하실 수 있는 유일한 분입니다.
하나님의 심판대 앞에 섰을 때 당신은 당황하지 않겠습니까?
단언컨대 당신은 분명 당황하게 될 것입니다.
하나님의 심판을 통과할 준비가 전혀 안 되어 있기 때문입니다.
하나님의 심판을 통과할 준비란,
당신이 지금 하늘나라 백성이 되고
하늘나라 시민으로 살아가는 것입니다.
하나님 나라 백성이 하나님을 만나는 것은
참으로 자연스럽고 반가운 만남입니다.
마치 한국 사람인 우리가 외국을 여행하다가도
한국에 돌아와 사는 것이 아무런 문제가 아닌 것처럼 말입니다.
어떻게 해야 하나님의 통치를 받는 백성이 될 수 있을까요?
당신이 하나님의 심판대를 무사히 통과하도록
하나님은 그분 없이 마음대로 살았던 당신의 죄를
하나님의 아들 예수의 피로 덮으셨습니다.
당신 대신 죽으신 그 예수님의 새 생명으로 살게 된
당신은 하나님 나라 백성이 되었습니다.
심판을 피할 길을 주셨으니 당신은 변명하지 못할 것입니다.
이 말이 당신의 영원한 희망이 되길 바랍니다.

087

/

아직은 때가 아니라고요?

'때'가 과연 언제일까요?

그 '때'를 당신이 결정하고 있군요.

당신은 이제까지 무엇이든 당신 스스로 결정해왔습니다.

그러나 실제로는 당신의 뜻만으로 이루어진 것이 아닙니다.

당신은 출생 시기를 스스로 정하지 못했습니다.

많은 문제가 당신의 허락 없이 당신 인생에서 벌어졌습니다.

인생의 가장 중요한 시기일수록 당신이 결정하지 않았습니다.

그러므로 이 '때'라는 문제 앞에 겸손해질 필요가 있습니다.

당신 마음대로 결정할 수 없는 문제에 대해

헛된 장담을 해서는 안 됩니다.

당신의 '때'를 당신보다 더 잘 아시는 그분을 만나야 합니다.

그분은 당신의 출생과 마지막을 알고 계십니다.

그분은 바로 하나님이십니다.

이제 그 하나님이 당신을 초청하고 계십니다.

그분의 사랑 안으로 들어오라고 초청장을 보내고 계십니다.

초청장을 받은 당신은 그분이 정한 때에 응해야 합니다.

그때가 언제입니까? 바로 지금입니다.

바로 지금이 구원받을 때입니다.

왜냐하면 내일은 당신의 것이 아니기 때문입니다.

아직도 "예수 믿을 때가 아니다"라고 하시겠습니까?

이런 중요한 시기를 결정할 권한은 당신에게 전혀 없습니다.

하나님은 당신을 지금 초청하고 계십니다.

물론 여기에는 한 가지 큰 문제가 있습니다.

사실 당신은 그 초청장을 받을 자격이 없습니다.

당신의 죄 때문입니다.

죄인은 거룩하신 하나님의 잔치에 들어갈 자격이 없습니다.

그러나 하나님은 당신을 매우 사랑하셔서,

아들 예수님께 당신의 죄를 전가시키고

당신 대신 죽게 하셨습니다.

이 하나님의 사랑을 믿으면, 하나님 영생의 천국 초청 잔치에

아무런 노력 없이 감사함으로 들어갈 수 있습니다.

하나님이 결정한 잔치에 "아직은 때가 아니다"라고

말하지 마시기 바랍니다.

진정 그때를 결정하지 못하는 당신은 그 말을 할 수가 없습니다.

그저 감사함으로 하나님의 초청에 응하시기 바랍니다.

088

/

식구들이 반대하기 때문에
믿지 않겠다고요?

가족 관계를 중시하시는 분이군요. 칭찬할 만합니다.

그런데 예수님을 믿으면 정말 가족 관계가 나빠질까요?

가족이 다 반대하고 있으니 처음에는 그럴 것 같기도 합니다.

그러나 초기에 예상되는 마찰은 하나님이 주시는 지혜로

얼마든지 잘 극복할 수 있습니다.

가장 큰 장애는 예수 안에 진리가 있다고 믿지 못하는 것입니다.

가족의 반대는 당신이 예수를 믿지 못하는 진짜 이유가 아닙니다.

당신이 지금까지 가족의 의견을 늘 따랐던 건 아닐 것입니다.

그동안 당신은 비록 가족의 의견은 다르지만

당신이 가치를 인정한 일들을 무수히 많이 실행해왔습니다.

부모의 말을 뒷전으로 하고 당신이 가치를 둔 어떤 것을

추구했고, 심지어 몰래 하기도 했을 것입니다.

사실 당신은 자신의 생각대로 살아왔습니다.

이제 당신은 분명 운명적으로 죽음을 맞이할 것입니다.

그 후에는 반드시 심판이 있습니다.

하나님을 믿지 않았던 죄를 심판받을 것입니다.

그때 "믿고 싶었지만 식구들이 싫어해서"라고 변명할 수 없습니다.

심판대 앞에서 그저 당신은 예수 믿으면 지옥에 가지 않고

천국 간다는 말을 들었는지, 못 들었는지 질문받게 될 것이고,

그때 당신은 결코 가족을 핑계로 삼을 수 없습니다.

당신이 심판대 앞에서 당황하지 않고 당당하게 통과하는

단 한 가지 길은 예수의 생명을 지니는 것뿐입니다.

하나님의 아들 예수님이 당신의 죄를 대신 짊어지고

죽음의 십자가를 통과하여 다시 살아나셨음을 믿고

그분을 마음속으로 모시면, 예수의 생명을 지닌

하나님의 자녀가 될 수 있습니다.

그때 당신은 하나님의 심판대를 당당하게 통과할 수 있습니다.

가족 걱정은 하지 마십시오.

당신이 하나님의 자녀가 된다면, 하나님은 당신을 통해

당신과 당신의 집이 구원받는 복을 주실 것입니다.

예수님을 믿어 하나님의 자녀가 되면,

당신은 오히려 온 가족을 옳은 길로 인도하게 될 것입니다.

089
/
지금 예수 믿을 형편이 아닙니다

"골치 아프고 해결해야 할 일이 태산 같아요.
이 일들을 좀 해결하면 교회 나가는 것을 생각해볼게요."
요즘 복잡하고 골치 아픈 일이 있으신가요?
이럴 때 누군가 도움의 손길을 내밀어주면 좋겠지요?
그래서 문제도 해결되고, 짐도 좀 가벼워지면 좋겠지요?
누군가 도와주어도 힘이 될 텐데,
신이신 하나님이 도와주신다면 어떨까요?
하나님은 얼마든지 당신을 돕고 싶어 하십니다.
다만 그분은 당신의 하수인이 아닙니다.
당신의 명령대로 움직이시는 분이 아닙니다.
그분은 모든 문제의 해결자이시지만,
당신의 주인으로서 주권을 가지고 행하기 원하십니다.
그분은 우주만물과 인생의 창조주로서,
주권자의 자격을 갖고 계신 분이기 때문입니다.
아무 기댈 곳도, 도움을 청할 사람도 없다면,

지금이야말로 하나님을 바라볼 때입니다.

그분의 사랑 안에서는 모든 짐이 가벼워지고,

진정한 평화와 기쁨을 누릴 수 있습니다.

기쁨의 근거가 당신에게 있다면 당신에게는 절망뿐입니다.

지금 당신은 지쳐 있고 여력이 없기 때문입니다.

하나님 앞으로 나아오세요. 모든 만족과 기쁨의 근원은

하나님에게서 나옵니다. 당신이 지쳐 있든 능력이 부족하든

아무런 상관없이 기쁨과 만족을 얻을 수 있습니다.

단, 하나님은 그 모든 것을 그분의 자녀에게만 허락하십니다.

하나님 아버지의 사랑을 깨달은 자만이 누리는 행복인 것입니다.

하나님의 사랑이란 어떤 것일까요?

당신의 죗값을 치르기 위해 아들 예수를 죽음에 내준 사랑입니다.

당신이 얼마나 더럽고 흉악한 존재인지를 전혀 신경 쓰지 않는

사랑입니다. 당신의 모습에서 사랑할 만한 그 어떤 것이

발견되지 않음에도 사랑하는 사랑입니다.

그분은 왜 그토록 당신을 사랑하시는 걸까요?

그분은 '사랑' 그 자체이시기 때문입니다.

태양이 열을 내는 이유는 태양이 열 자체이기 때문입니다.

사랑 자체이신 하나님이 당신을 구원하기 위해 내어주신

예수 그리스도를 믿기만 하면, 당신은 하나님의 자녀가 됩니다.

그러면 죽었다 다시 살아나신 예수님이 당신의 새 생명이 되어,

당신은 천국을 누리게 됩니다.

090

/

언젠가는 믿을 날이 오겠지요

그토록 많은 권유를 받았음에도, 왜 예수 믿기를 미루게 될까요?
이 일이 당신에게 얼마나 절실하며
화급을 다투는 일인지 모르기 때문입니다.
정말 예수 믿는 일이 그렇게 급하고 중요한 일일까요?
아침에 가족에게 "다녀올게" 하고 인사를 나눈 사람 중에
그날 저녁 다시 가족의 얼굴을 보지 못하는 사람이 있습니다.
인생의 죽음은 정한 이치이지만 그때가 언제인지 정확히 모릅니다.
그래서 예수 믿는 일이 정말 시급합니다.
죽는 일은 그렇다고 칩시다.
죽는 것과 예수 믿는 것이 어떤 연관이 있어 그런 걸까요?
혹자는 인생은 참 허무하다고 합니다.
죽음이 끝이라면 참으로 허무할 것입니다.
그러나 죽음이 끝이 아니고 시작이라면 어떨까요?
예수 믿는 사람에게 죽음이란
천국의 삶을 시작하는 통과의례입니다.

애벌레가 그 생을 다 마치고 나비가 되어 새 삶을 시작하듯이,

영원히 지속될 새로운 삶이 예비되어 있습니다.

그렇다면 당신이 죽으면 무엇이 기다리고 있을까요?

당신은 존재적으로 죄인입니다. 거짓말이나 자랑, 험담,

미움, 시기, 질투, 분노, 다툼이 자연스럽습니다.

당신은 죄 가운데 태어난 사람이기 때문입니다.

당신은 죄 가운데 살다가 죄 가운데 죽을 것이며,

그런 당신이 갈 곳은 하나님이 계시지 않은 지옥뿐입니다.

문제가 얼마나 심각한지 아시겠습니까?

그러나 하나님은 당신이 지옥에 가는 것을 원치 않으십니다.

어떠한 희생을 치르더라도 당신을 구원하길 원하셨습니다.

그래서 아들 예수를 내어 놓으신 것입니다.

당신이 지은 수많은 죄의 형벌을 대신 감당하여 죽게 함으로,

아들의 손이 아닌 당신의 손을 잡으신 것입니다.

당신의 모든 것을 아시는 하나님께 당신의 죄를 고백하십시오.

그리고 당신을 위해 죽고, 다시 사신 예수님을 받아들이십시오.

그러면 하나님이 천국에서 당신을 환영하실 것입니다.

당신에게 천국 갈 자격이 있어서가 아니라,

당신에게 새 생명이 되신 예수님 때문입니다.

하나님은 너무 오래 기다리셨습니다.

내일로 미루지 마십시오. 내일은 당신의 것이 아닙니다.

지금이 구원받을 때입니다.

10장

종교다원주의&
불교&
미신

091

/

착하게 살면 되는 거 아닌가요?

나름 착하게 살아왔다고 생각하는 당신에게

예수 믿어야만 구원받을 수 있다는 말은 납득이 안 될 것입니다.

타종교를 열심히 믿는 사람이라면 화가 날 수도 있습니다.

도대체 구원받는다는 것은 무슨 뜻입니까?

하나님 나라의 백성이 된다는 뜻입니다.

하나님 백성이 되려면 죄가 없어야 합니다.

그래서 죄인인 우리는 하나님 나라에 갈 수 없습니다.

여전히 착하게 살면 죽어서 좋은 데 가리라고 생각하십니까?

실은 당신도, 죄짓는 동시에 착하게 살려고 하는 것뿐입니다.

'모든 종교가 다 착하게 살라고 말하고 있지 않나?'

그러나 다른 종교를 믿어도,

그래서 그 종교의 가르침대로 좋은 삶을 살려고 노력해도

당신의 죄는 해결되지 않습니다.

죄는 당신 안에 여전히 존재합니다.

어떻게 해야 죄 문제를 해결하여 구원받을 수 있을까요?

우리 자신의 힘으로는 구원을 실현할 희망이 전혀 없습니다.

우리 모두 죄인이기 때문입니다.

누군가를 대신해서 죄의 대가를 치러줄 자격이나 힘도 없습니다.

죄를 대신 갚는 것은 죄가 전혀 없는 존재만이 가능합니다.

죄가 전혀 없는 존재라니 과연 누구일까요?

바로 예수 그리스도입니다.

그분은 죄가 전혀 없는 분입니다.

하나님은 그런 예수님께 우리의 모든 죄를 옮겨놓으셨습니다.

그래서 우리가 받을 저주를 예수님이 대신 받으셨습니다.

십자가 형벌을 통해 하나님의 저주를 감당하셨습니다.

이 사랑을 믿기만 하면 천국 백성이 됩니다.

그래서 "예수만이 구원을 주신다"라고 말하는 것입니다.

주 예수를 믿으십시오. 당신은 천국 백성이 되고,

예수님이 당신의 생명이 되어 새로운 삶을 살게 됩니다.

092
/
왜 예수만 되고
다른 종교는 안 된다고 하는 건데요?

"다른 종교들은 타 종교를 인정하는데,
유독 기독교만 배타적이에요."
당신도 이렇게 생각하시나요?
막 결혼한 부부가 있습니다. 아내가 남편에게 말했습니다.
"난 정말 당신을 사랑해요. 그래서 말인데 1년 365일 중에서
360일은 당신의 아내로 사랑하며 헌신하고 살 테니,
단 5일만은 옆집 남자의 아내로 살겠어요."
당신이 남편이라면, '나는 배타적인 사람이 아니니까'라면서
아내의 요구를 들어주겠습니까?
당연히 아내에게 자기만을 절대적으로 사랑할 것을 요구하겠지요.
만약 아내의 이러한 요구를 허락하는 남편이 있다면,
아내는 남편이 자신을 사랑하지 않는다고 생각할 것입니다.
사랑은 사랑을 요구하게 되어 있습니다.
그분은 우리를 절대적으로 사랑하십니다.
얼마나 사랑하시는지 우리 죄를 해결하기 위해

독생자 예수를 죽음에 내어주실 정도입니다.

당신을 구원하기 위해 독생자를 죽음으로 내몬 신은

그 어디에도 없습니다.

다른 신은 그만큼 당신을 절대적으로 사랑하지는 않았습니다.

그러므로 다른 종교도 수용하고, 무엇이든 믿어도 된다고

하는 것입니다. 속지 마십시오.

다른 종교는 옆집 남편과 살아도 된다고 하는 남편과 같습니다.

아직도 다른 신은 안 된다고 하시는 하나님의 절대적인 사랑

요구를 부당하다고 생각하십니까?

절대적인 사랑을 주시는 분만이 절대적인 사랑을 요구한다는

사실을, 또 그런 사랑을 요구할 자격이 있음을 잊지 마십시오.

하나님은 당신을 사랑하십니다.

아들을 내어줄 만큼 당신을 사랑하십니다.

그 사랑은 처절하기까지 합니다.

그래서 당신에게 그분만을 사랑할 것을 요구하고 계십니다.

그분의 절대적 사랑에 그분만을 믿기로 반응하십시오.

093

/

무얼 믿든지,
믿는 것은 좋은 것 같아요

"어느 종교든 긍정적인 면이 있어요.

그래서 저는 어느 종교도 비난하지 않습니다.

마음이 편안해지고 또 좋은 일도 하면서

인생을 가치 있게 살려고 하는 것은 좋은 거잖아요?"

맞습니다. 마음이 편안해지고,

좋은 일을 하면서 인생이 좀 더 아름다워진다면

어느 종교를 믿든 무슨 상관이겠습니까?

그것이 삶의 목적이라면,

굳이 종교의 틀 안에 들어갈 이유가 없습니다.

유치원에서부터 시작하여 지금까지 받아온 교육만으로도

충분히 그렇게 살 수 있기 때문입니다.

그래서 당신에게 한 가지 권합니다.

종교생활은 이제 관두십시오.

그나마 위안을 삼으며 종교생활을 해왔는데,

관두라고 하니 당황스럽습니까?

서점으로 달려가보세요.

평안과 위로, 가치 있는 삶, 풍요, 건강, 자기 계발을 위한
수많은 수칙과 정보가 당신을 기다리고 있습니다.

종교가 아니어도 당신은 얼마든 잘 살 수 있습니다.

물론 제 말은 독서생활을 하라는 게 아닙니다.

제가 진정으로 하고 싶은 말은 종교생활을 관두고
신앙생활을 하라는 것입니다.

신앙생활이란 무엇일까요?

자신의 안녕과 행복을 위해 무언가를 선택하고 애써 지키면서
자신이 가치를 두는 삶을 추구하는 것은 신앙생활이 아닙니다.

모든 결정을 하나님이 하시는 것만이 진정한 신앙생활입니다.

나의 생각, 가치 기준을 버리는 것입니다.

하나님의 생각이 나의 생각으로 자리 잡는 것입니다.

어떻게 그것이 가능합니까? 주인이 바뀌면 됩니다.

예수님을 당신 마음의 왕으로 모시면 됩니다.

당신이 지금까지 앉아 있던 주인의 자리에서 내려와,
그 자리를 예수님께 내어드리면 됩니다.

왕좌를 내놓는 것이 두렵습니까?

아닙니다. 그것은 오히려 진정한 행복이 있는 삶입니다.

왜냐하면 모든 것을 당신이 아닌 당신 안에 계신
예수님이 하게 되시기 때문입니다.

예수님이 삶의 주인이 되시면,

자기 자랑이 사라질 수밖에 없습니다.

예수님이 당신의 마음에 들어가시기 위해

엄청난 대가를 치르셨음을 아십니까?

당신에게 내려질 죄의 심판을 그분이 대신 짊어지셨습니다.

십자가에서 죽고 다시 살아나셨습니다.

예수님만이 당신의 주인이자 왕이십니다.

그분만이 하나님 앞으로 당신을 인도하실 유일한 길입니다.

예수님이 당신 안에 오셔서 이끄시는 삶이야말로

가장 가치 있고 아름다운 삶입니다.

천국에 이르기까지 예수님이 당신의 주인이 되어

당신 삶을 이끄시도록 그분을 받아들이세요.

094

/

당신들이나 믿고 천국 가세요

"당신들이나 천국에 가세요.

나는 당신들이 예수 믿는 것을 전혀 참견하지 않았는데,

당신들은 왜 그토록 집요하게 예수 믿으라고 간섭하는 건가요?"

그렇다면 간섭하지 않고 각자 자기 갈 길 잘 가도록

관여하지 않는 것이 가장 옳은 가치일까요?

우리는 모든 분야에서 그런 가치를 바탕으로 살고 있을까요?

그렇지 않습니다.

이 가치가 가장 크게 훼손되는 곳이 있습니다.

바로 가정입니다. 자녀가 어릴수록 부모는 더 많이 간섭합니다.

그 간섭이 자녀를 제대로 지키며 성장하게 해주기 때문입니다.

'서로'가 아닙니다. 일방적입니다.

왜냐하면 아기의 상태는 '서로'가 아닌

일방적 부모의 보살핌이 필요한 상태이기 때문입니다.

예수 믿으라고 하는 것은 당신에게

간섭과 침해와도 같을 것입니다.

하나님 앞에서 당신은 부모가 필요한 갓난아기보다
더욱 하나님이 필요하고 절실한 상태입니다.
인정할 수 없다고요? 그럴 수 있습니다.
갓난아기가 자신에게 부모의 도움이 필요하다고 인지할까요?
그 사실을 아는 쪽은 부모이지 갓난아기가 아닙니다.
당신도 마찬가지입니다.
하나님은 그분을 먼저 만난 저를 당신에게 보내셨습니다.
하나님은 제가 그분을 알기 전에 이미 저의 죄를 용서하셨습니다.
그래서 아들 예수님을 제가 죽을 자리에 대신 보내셨으며,
하나님의 영광으로 그분을 다시 살리셨습니다.
다시 살아나신 예수님은 저의 새 생명이 되셔서,
제 안에 계시면서 제 삶을 주관하고 계십니다.
그래서 저는 천국을 누리는 삶을 살고 있습니다.
이 삶은 부모 품에 안긴 아기의 행복에 견줄 수 없습니다.
당신이 그 행복을 맛보시기를 초대합니다.
당신에게 간섭과도 같은 이 초대는 사랑의 권유입니다.
사랑의 간섭을 받아들여 예수를 믿으십시오.
당신의 생명이 바뀝니다. 하나님 자녀의 생명으로 바뀝니다.

095

/

저는 불교 신자예요

그렇다면 부처의 가르침을 믿으시겠군요.

삶에서 일어나는 욕심을 어떻게든 버리려고 노력하는 당신을

칭찬해드리고 싶습니다.

그런데 석가모니가 자신의 제자들에게

"내가 살아서의 일도 모르는데 죽고 난 다음의 일을

어떻게 알겠느냐?"라고 했다는 것을 들어본 적이 있습니까?

그리고 그를 믿으면 극락에 갈 수 있다고 말한 적이

단 한 번도 없음을 아십니까?

석가모니는 윤회설을 부정했고, 영혼이 없다고 주장했습니다.

당신이 믿는 불교는 힌두교의 영향을 받은 불교일 수 있습니다.

모든 종교는 발전하는 것이 아니냐며

현재의 불교를 옹호하고 싶으신가요?

그러나 윤회와 영혼의 존재를 믿는다면,

불상에게 절하지만 부처의 가르침은 받아들이지 않는 것이 됩니다.

당신이 열성 불교 신자라도 석가는 당신을 구원할 수 없습니다.

그는 자신을 구원자나 신이라고 한 적이 없기 때문입니다.

제가 만나본 신실한 불교인들 가운데는

자신의 극락행을 자신하는 사람이 없었습니다.

그러나 자신이 하나님께로 가는 유일한 길이며 진리라고

주저없이 말씀하시는 분이 있습니다.

바로 예수 그리스도입니다.

그분만이 당신을 자아중심의 삶에서 구원하실 수 있습니다.

옳고 바른 길을 찾고 계신 당신이야말로 예수 그리스도를

믿어야 합니다. 그분만이 우리가 붙들어야 할 진짜 진리입니다.

당신은 이제까지 욕심을 버리고 마음을 평정하기 위해

108번이나 절을 했지만, 달라지는 것은 별로 없었습니다.

당신 마음의 주인이 여전히 당신이기 때문입니다.

마음의 주인이 바뀌면 상황이 달라집니다.

당신의 옛 자아와 함께 십자가에서 죽고 다시 사신 예수님이

당신의 새 생명이 되신다면, 당신 마음의 주인이 바뀌게 됩니다.

새로운 피조물이 됩니다.

당신이 버리려고 노력했던 그 욕심이 저절로 버려지게 됩니다.

예수님을 진정으로 믿고 만나면,

새 생명을 얻어 천국의 삶을 지금부터 누리게 됩니다.

예수님을 믿으세요.

예수님이 당신 삶의 주인되시는 아름다운 삶을 시작하세요.

096
/
저는 불교 체질이에요
절에 가면 마음이 편안해지거든요

마음이 편안해지기 때문에 불교를 선택하게 되셨군요.

과연 그 '느낌'은 믿을 만한 것입니까?

느낌에 당신의 운명을 맡겨도 괜찮겠습니까?

숲속에 작은 집이 하나 있었습니다.

집 앞에는 큰 호수가 있었는데, 한겨울이 되면

그 집에 가려는 사람들이 꽁꽁 언 호수 위를 가로질러 갔습니다.

어느 날 A는 호수가 꽁꽁 얼었다고 느꼈습니다.

실제로 지난 겨울에도 호수 위를 건넜기에 자신만만했습니다.

확신에 찬 그는 냅다 달리기 시작했습니다.

그러나 그의 느낌과 달리 호수 중간은 살얼음이 얼어 있어서

결국 그는 호수에 빠져 죽고 말았습니다.

겨울이 더 깊어진 어느 날에는 B가 호수를 건널 시도를 했습니다.

의심이 많았던 B는 한 발, 한 발을 조심스럽게 내디뎠습니다.

그는 호수를 다 건널 때까지 내내 의심하며 덜덜 떨었지만,

호수는 매우 단단하게 얼어 있었기에 무사히 건널 수 있었습니다.

이처럼 사람이 죽고 사는 일은 느낌과는 아무 관계가 없습니다.

호수가 제대로 꽁꽁 얼었느냐에 달려 있습니다.

호수의 상태가 신뢰할 만한가에 달려 있습니다.

그런 의미에서 당신도 느낌에 의존해서는 안 됩니다.

불편하고 어색하고 힘들어도 당신을 구원할 수 있는 길이라면

가야 합니다. 편하고 취향에 맞아도 당신을 구원할 수 없는

길이라면 가지 말아야 합니다.

당신의 느낌만 믿고 열심히 달려가서는 안 됩니다.

이제 멈추십시오.

구원은 당신의 느낌에 달린 것이 아닐뿐더러

당신이 열심히 달리느냐 하는 것과도 아무 관계가 없습니다.

"지성이면 감천"이 진리는 아닙니다.

아무리 공을 들여도, 살얼음판에서는 빠져 죽을 수밖에 없습니다.

당신을 구원할 분은 오직 한 분, 예수 그리스도뿐입니다.

하나님은 우리를 하나님께로 인도할 유일한 분으로

예수님을 세우셨습니다.

유일한 길이자 진리이자 생명으로 당신에게 선물하셨습니다.

그 외에 다른 구원자로 다른 이름을 주지 않았다고 하셨습니다.

예수님은 당신이 건널 수 있는,

그리고 건너야 하는 유일한 두꺼운 얼음입니다.

그 얼음 위로 건너십시오.

하나님이 건너편에서 기다리고 계십니다.

097

/

절에 제 이름이 올려져 있어요

어머니의 불심이 깊으셨거나

당신의 출생이 불교와 관련되어 있나 보군요.

이름 올리기로 말하면, 교회에 이름이 올라간 사람도 꽤 됩니다.

어릴 때 교회에 한 번이라도 나가본 사람이라면

다 교회에 이름이 올라가 있을 것입니다.

어머니가 아니라 본인 스스로 올린 이름입니다.

그러나 지금 예수님을 믿지 않고 있다면,

아무리 교회에 이름이 올라가 있어도 천국에 갈 수는 없습니다.

단지 이름을 올렸다는 것이 당신의 운명을 좌우할 수 있을까요?

만약 그렇다면 절에 이름을 올린 것의 영향력이

현재 당신의 삶에서 발견될 수 있어야 합니다.

장담하건대 당신은 당신 인생의 주인으로서

아주 작은 것에서부터 큰 문제에 이르기까지

스스로 생각하고 결정하며 살아왔으며,

불자로서 삶의 흔적을 전혀 찾아볼 수가 없을 것입니다.

즉, 누구의 가르침을 참고할 수는 있어도
참고할지 말지를 당신 스스로 결정하는, 즉 절에 이름 올린 것과
전혀 상관없는 주체적인 삶을 살아왔다는 말입니다.
그런 삶이 무슨 문제가 되기에 예수님을 믿어야 하느냐고요?
절에 당신의 이름이 올라간 것, 또는 당신이 삶의 주인이 되어
살아온 것은 모두 하나님의 심판대를 통과할 수 없는 삶입니다.
인간에게는 정해진 연한이 있습니다.
그 삶을 다 살고 나면 반드시 심판을 받습니다.
하나님을 거부하고 당신을 보내신 그분의 계획과
아무 상관없이 살아온 당신에게 내려질 심판은 지옥뿐입니다.
그러나 하나님은 당신을 사랑하시기에
당신의 지옥행을 원치 않으십니다.
그래서 우리로서는 도저히 이해할 수 없는 사랑을 보이셨습니다.
독생자 예수를 인간 세상으로 보내어
당신의 죄를 대신 짊어지고 죽게 하신 것입니다.
예수님은 당신이 하나님의 심판대를 통과하도록
십자가에서 당신 대신 죽었다가 다시 살아나셨습니다.
예수님을 마음의 주인으로 받아들여 새로운 삶을 살아간다면,
당신은 예수님과 함께 지금부터 영원한 천국을 누릴 수 있습니다.
그리고 죽음 후에도 하나님이 계신 영원한 천국에 거하게 됩니다.
생명을 주장하시는 분, 죽은 이후 지옥에 던져 넣는 권세가
있으신 분을 두려워해야 합니다.

098

/

저는 조상님을 섬겨요

정성껏 제사 드리고 조상의 묘역을 잘 관리하고 있습니까?

돌아가신 그 조상님들이 진정 당신에게 복을 주리라고 생각합니까?

미안하고 죄송한 말이지만, 그들에게는 그런 능력이 없습니다.

그들은 이미 죽은 사람들입니다.

제삿밥을 제대로 챙기지 않고 묘역을 잘 관리하지 못했다는

이유로 자손에게 벌을 주는 조상이 과연 있을까요?

만약 그들에게 능력이 있다면,

당신에게 벌을 주기보다 당신이 그토록 원하고 있는

잘 먹고 잘사는 문제를 해결해주는 게 당연할 겁니다.

이제 조상을 신으로 생각하던 것을 그만두십시오.

무언가를 바쳐서 달래야만 복을 주는 신은 참된 신이 아닙니다.

당신의 떡고물을 먹고 일하는 하수인에 지나지 않을 뿐입니다.

하수인이 그 주인에게 복을 주는 일은 없습니다.

참된 신은 한 분, 바로 하나님뿐입니다.

그분은 우주만물의 주인이자 당신 생명의 주인이십니다.

그분은 우리가 바치는 떡고물로 달랠 수 있는 분이 아닙니다.

진정한 복을 원한다면, 그분의 통치 아래로 들어가야 합니다.

그분의 사랑 아래로 들어가야 합니다.

그런데 우리는 그분 품에 안길 수 없는 존재입니다.

그분은 거룩하시고, 우리는 전혀 거룩하지 못하기 때문입니다.

그래서 하나님은 당신의 더러움을 깨끗하게 씻기기 위해

아들 예수를 이 땅에 보내시고

우리의 죄를 예수님께 부담시키셨습니다.

그분은 죄인이 되어 당신 대신 십자가에서 죽으셨습니다.

이제 십자가에서 죽으신 예수님을 믿으면,

부활하신 예수님을 당신의 생명으로 삼고

새로운 피조물로 살게 됩니다.

조상의 아름다운 뜻을 이어 사는 것과 그들의 영을 섬기는 것은

다른 일입니다.

우리 신앙의 대상은 오직 하나님뿐입니다.

우리의 영원한 생명을 결정하는 하나님만이

우리가 섬길 유일한 대상입니다.

099
/
백골부대에 배치받아도
기쁘기만 합니다

미신을 받드는 어머니를 둔 청년이 있었습니다.

훈련소를 거쳐 자대 배치를 받아 강원도 어느 골짜기에 도착한

그의 눈에 백골부대 해골 마크가 들어왔습니다.

그는 남다른 감회를 느꼈습니다.

사실 백골부대는 군 기강이 세고 훈련이 힘들기로 정평이 나 있습니다.

그러나 그 청년은 백골부대 깃발을 보자마자 기뻐했습니다.

언제나 싱글벙글 웃으며 부대생활에 기쁜 마음으로 임했습니다.

힘들수록 더 기뻐했습니다.

그토록 힘든 군 생활에도 그가 기뻐한 이유는 무엇이었을까요?

바로 어머니 때문이었습니다. 그의 어머니는 아들이 편한 곳으로

자대 배치를 받기 원하는 마음으로 돈을 주고 부적을 샀습니다.

그런 다음 아들에게 그것을 몸에 지니고 다닐 것을 당부했습니다.

한동안 어머니의 제안을 거절하던 그는

하나님께 살아 계심을 보여달라고 기도했습니다.

그리고 어머니의 제안을 받아들였습니다.

아들은 계속해서 기도했습니다.

귀신에 의해 세상이 움직이지 않음을,

오직 이 세상을 하나님이 통치하심을 보여달라고 말입니다.

그 증거로 가장 힘든 부대, 어머니가 주신 부적이 무색해지는

부대로 배치시켜달라고 기도했습니다.

자신의 기도가 응답받았기 때문에

그는 백골부대에 배치된 것을 기뻐했던 것입니다.

'그래도 그렇지, 부적이 효력 없음을 증명한다고

굳이 힘든 곳으로 보내달라고 기도할 건 뭐람.'

이렇게 생각하십니까?

하나님을 믿는 믿음은 어렵고 힘든 것조차 기뻐하게 만듭니다.

왜냐하면 크고 값진 그분의 사랑과 놀라운 구원의 감격 때문에

그 어떤 고통도 능히 뛰어넘을 수 있기 때문입니다.

수십 억 원의 복권에 당첨된 사람은 몇 만 원 손해 보는 일에

전혀 기분 나빠하지 않습니다.

죽을병에 걸렸다가 산 사람은 웬만한 일에 화를 내지 않습니다.

살아난 것이 기쁘기 때문입니다.

예수님을 믿는 사람은 이 세상사 고달픈 일에 흔들리지 않습니다.

예수님의 사랑을 소유했기 때문입니다.

하나님이신 그분이 인간을 대신하여 죽어주신

예수님의 그 사랑을 받았기 때문입니다.

당신도 그 사랑에 들어오세요. 예수님을 믿으세요.

100

/

이사는 손 없는 날 해야지

사람들은 점 보기를 좋아합니다.

결혼도 좋은 날을 받아서 하고,

궁합이 좋지 않다고 하면 결혼을 주저합니다.

아이의 '시'를 좋게 하려고 일부러 좋은 시간을 택해

그 시간에 맞춰 아기가 태어나게 하는 집안도 있을 정도입니다.

사람들이 이렇게 무언가에 묶인 삶을 사는 이유가 있습니다.

인간의 운명을 좌지우지하는 어떤 힘이 있다는 생각 때문입니다.

거역할 수 없는 그 힘의 존재를 어떤 방식으로든 달래서

안전을 보장받고 현세적 성공을 꾀하려는 욕망 때문입니다.

불투명한 미래에 대한 두려움으로 앞날을 예견한다는 이들에게

복채를 바치고 비싼 돈을 들여 굿을 하게 되는 것입니다.

그 열심과 열정은 선거철이나 수능을 앞둔 때에 잘 발휘됩니다.

당신은 어떻습니까? 당신의 미래가 궁금합니까?

결혼, 선거, 수능은 모두 길어야 100년이면 지나갈 것들입니다.

사실 그것들의 미래는 몰라도 상관없습니다.

그러나 우리가 꼭 알아야 할 것이 있습니다.

바로 유효기간이 영원한 당신의 미래입니다.

당신은 매일 누구의 생각과 판단, 명령으로 살고 있습니까?

당신 자신의 생각과 판단, 명령으로 살고 있다면,

당신 인생의 주인은 당신입니다.

당신 삶의 왕은 바로 당신입니다.

죄송한 말이지만, 마음에서 하나님을 쫓아낸 사람의 미래는
영원한 지옥입니다.

그러나 하나님은 당신의 지옥행을 기뻐하지 않으십니다.

그래서 하나님 없이 살았던 당신의 죄를 아들 예수에게
담당시키시고 십자가에 죽게 하셨습니다.

이제 돌이켜, 예수님을 당신의 주인으로 모시기 바랍니다.

그러면 당신의 미래는 예수님과 함께하는 영원한 천국입니다.

좋고 나쁜 것에 얽매여 살아온 것을 이제 그만두십시오.

당신의 삶을 진정한 자유로 이끄시는
하나님의 통치 안으로 들어오십시오.

영원한 미래를 보장받은 사람은 100년의 삶이 자유롭습니다.

당신의 영원한 운명을 결정하시는 단 한 분, 예수님을 믿고
진정한 자유를 누리세요.

내가 급하다

초판 1쇄 발행   2016년 12월 26일
초판 2쇄 발행   2017년 3월 30일

지은이   김정화

펴낸이   여진구
편집   김아진, 안수경, 이영주, 최현수
책임디자인   마영애 | 이혜영, 노지현
기획·홍보   김영하   해외저작권   기은혜
마케팅   김상순, 강성민, 허병용   마케팅지원   최영배, 정나영
제작   조영석, 정도봉   경영지원   김혜경, 김경희

이슬비전도학교   최경식, 전우순   303비전성경암송학교   박정숙
303비전장학회 & 303비전꿈나무장학회   여운학

펴낸곳   규장

주소   06770 서울시 서초구 매헌로 16길 20(양재2동) 규장선교센터
전화   02)578-0003   팩스   02)578-7332
이메일   kyujang0691@gmail.com   홈페이지   www.kyujang.com
트위터   twitter.com/_kyujang   페이스북   facebook.com/kyujangbook
등록일   1978.8.14. 제1-22

ⓒ 저자와의 협약 아래 인지는 생략되었습니다.
이 출판물은 저작권법에 의해 보호를 받는 저작물이므로 무단 전재와 무단 복제를 할 수 없습니다.

책값   뒤표지에 있습니다.
ISBN 978-89-6097-481-4 03230

규 | 장 | 수 | 칙

1. 기도로 기획하고 기도로 제작한다.
2. 오직 그리스도의 성품을 사모하는 독자가 원하고 필요로 하는 책만을 출판한다.
3. 한 활자 한 문장에 온 정성을 쏟는다.
4. 성실과 정확을 생명으로 삼고 일한다.
5. 긍정적이며 적극적인 신앙과 신행일치에의 안내자의 사명을 다한다.
6. 충고와 조언을 항상 감사로 경청한다.
7. 지상목표는 문서선교에 있다.

하나님을 사랑하는 자 곧 그의 뜻대로 부르심을 입은 자들에게는 모든 것이 슴力하여 善을 이루느니라(롬 8:28)

Member of the
Evangelical Christian
Publishers Association

규장은 문서를 통해 복음전파와 신앙교육에 주력하는 국제적 출판사들의
협의체인 복음주의출판협회(E.C.P.A:Evangelical Christian Publishers
Association)의 출판정신에 동참하는 회원(Associate Member)입니다.